LEKTÜRESCHLÜSSEL
FÜR SCHÜLERINNEN UND SCHÜLER

# Gotthold Ephraim Lessing
# Nathan der Weise

Von Theodor Pelster

Philipp Reclam jun. Stuttgart

Dieser Lektüreschlüssel bezieht sich auf folgende Textausgabe:
Gotthold Ephraim Lessing: *Nathan der Weise. Ein dramatisches Gedicht in fünf Aufzügen*. Anm. von Peter von Düffel. Stuttgart: Reclam, 2000 [u. ö.]. (Universal-Bibliothek. 3.)

RECLAMS UNIVERSAL-BIBLIOTHEK Nr. 15316
Alle Rechte vorbehalten
© 2002 Philipp Reclam jun. GmbH & Co., Stuttgart
Gesamtherstellung: Reclam, Ditzingen
Printed in Germany 2008
RECLAM, UNIVERSAL-BIBLIOTHEK und
RECLAMS UNIVERSAL-BIBLIOTHEK sind eingetragene Marken
der Philipp Reclam jun. GmbH & Co., Stuttgart
ISBN 978-3-15-015316-1

www.reclam.de

# Inhalt

1. Erstinformation und Hinführung zum Werk  **5**
2. Inhalt  **9**
3. Personen  **18**
4. Die Struktur des Werks  **36**
5. Wort- und Sacherläuterungen  **42**
6. Interpretation  **49**
7. Autor und Zeit  **71**
8. Rezeption  **84**
9. Checkliste  **88**
10. Lektüretipps  **91**

Anmerkungen  **95**

# 1. Erstinformation und Hinführung zum Werk

»[...] und er will – Wahrheit.« So wundert sich der Jude Nathan an einer zentralen Stelle in Lessings Drama *Nathan der Weise*. Er war von Sultan Saladin vorgeladen worden, hatte erwartet, dass er um Geld angegangen werde, und wird nun mit einem ganz anderen Problem konfrontiert. Der Gedankenstrich, der vor dem bedeutungsschweren Substantiv steht, zeigt eine Verzögerung an, die einerseits Ausdruck der Überraschung ist und die andererseits daran denken lässt, dass es sehr viel schwerer ist, einen Herrscher mit Wahrheit als mit Geld zu bedienen.

> Das Thema

Nicht nur der Sultan will Wahrheit. Gewissheit über den Lauf der Welt und das Leben der Menschen zu gewinnen ist seit jeher ein menschliches Bestreben gewesen. Im Begriff der *Aufklärung* wird dieses Anliegen zu einem allgemeinen Programm. Von Frankreich und England ausgehend, erreicht die Forderung nach Aufklärung im 18. Jahrhundert Deutschland und hat bis heute nichts an Bedeutung verloren: Von der »Verbraucheraufklärung« bis zum parlamentarischen Untersuchungsausschuss gibt es eine Reihe von Gremien, die es sich zum Ziel gesetzt haben, Sachverhalte aufzuklären und Personen angemessen zu informieren, ihnen Gewissheit zu verschaffen.

Das deutsche Wort *Aufklärung* gehört zur gleichen Wortfamilie wie *klar*, *Klarheit*, *erklären* und wird ursprünglich im Bereich der Wetterkunde verwendet. Aufklärung nennt man dort den Vorgang, dass sich Wolken und Nebel auflö-

> Worterklärung: Aufklärung

sen, die Sonne durchbricht und für Licht und Klarheit sorgt. Überträgt man das Bild, so ist Aufklärung der Prozess, in dem sich das Licht der Wahrheit Bahn bricht und alle Unklarheiten menschlichen Denkens und Meinens beseitigt. Eine Erkenntnis, so wird seit den berühmten Überlegungen des französischen Philosophen Descartes (1596–1650) gefordert, muss »clare et distincte«[1], also klar und deutlich sein, wenn sie Verbindlichkeit beanspruchen will.

Im Prozess der Aufklärung war zunächst zu fragen, welche Wolken und welcher Nebel das klare Denken beeinträchtigen. Sehr schnell durchschaute man, dass alle Arten von Aberglauben und Zauberei, von Gespensterglaube und Spukerzählung Hemmnisse der Wahrheitsfindung sind. Der deutsche Philosoph Thomasius ging dann in seiner *Einleitung zur Vernunftlehre* (1691) noch radikaler vor und forderte, dass grundsätzlich alle »Praejudicia«, also alle Vor-Urteile geprüft werden müssten; denn sie seien »der Quell aller falschen Meinungen«[2]. Vor-Urteile sind für ihn jene Ansichten, mit denen Kinder aufwachsen, ehe sie eigenständig denken können, und solche Gedankensysteme, die auch Erwachsene bedenkenlos von unterschiedlichen Autoritäten übernehmen, weil sie nicht eigenständig denken wollen. Als Instanzen, die solche Autorität beanspruchen und Gehorsam erwarten, werden zunächst die Kirchen und Kirchenführer und später die Staaten und Herrscher auf den Prüfstand gestellt.

> Das Programm: Beseitigung der Vor-Urteile

In der berühmten Aufforderung des Königsberger Philosophen Immanuel Kant »Habe Muth dich deines eigenen Verstandes zu bedienen«[3] ist ansatzweise das ganze Programm der Aufklärung enthalten. Jeder einzelne wird aufge-

> Die Methode der Kritik

fordert, von der eigenen Vernunft Gebrauch zu machen und jede angebotene Meinung zu überprüfen. Die Methode der Überprüfung soll in einer kritischen öffentlichen Erörterung erfolgen. Kritik ist, wörtlich übersetzt, die »Kunst der Beurteilung« und gilt als eine der wichtigsten Fähigkeiten des Menschen, um sich vor den Folgen von Irrtum und Täuschung zu bewahren. Dabei ist zu beachten, dass Kritik einer Sache, eines Satzes oder einer Person nicht Ablehnung, sondern Untersuchung bedeutet. Kritik ist eine Methode, durch welche die Bedingungen und Möglichkeiten des Erkennens und des Handelns geprüft werden.

Angestrebt wird das richtige, zuverlässige, gewisse und deshalb wahre Urteil. Ungewiss ist, ob dieses große Ziel für Menschen jemals erreichbar ist. Leichter ist es, begründete Zweifel vorzutragen als vorhandene Zweifel zu beheben. Eine Möglichkeit, durch begründendes Denken zur Klarheit zu kommen, sieht man in den Formen des Diskurses, der mündlichen und schriftlichen Erörterung von Problemfragen. *Das Verfahren des Diskurses* Dazu gehört, genaue Begriffe zu bilden, verständliche Behauptungen aufzustellen und überzeugende Argumente zur Beweisführung beizubringen. Verstand und Vernunft sind gefragt; der Verzicht, sich auf Autoritäten und tradierte Geltungsansprüche zu berufen, ist Voraussetzung.

Lessing fordert mit seinem Drama *Nathan der Weise* dazu auf, sich an der Wahrheitssuche zu beteiligen. Er entwirft ein Modell, in dem die Frage nach der Wahrheit der Religion erörtert wird. Für seine Zeit war diese Frage besonders brisant, weil Staat und Kirche in enger Verbindung standen. In dem Augenblick, in dem den Lehren der Kirche der blinde Gehorsam aufgekündigt und sie zum Diskurs aufgefordert wurde, musste der absolut regierende Herrscher, der sich als »Herrscher von Gottes Gnaden« ausgab, vermuten, dass auch er und seine Legitimation zur Diskussion gestellt würden.

Über die theologische und politische Diskussion hinaus wuchs die philosophische. In der Einleitung zu seiner Logik schreibt Immanuel Kant: »Das Feld der Philosophie in dieser weltbürgerlichen Bedeutung lässt sich auf folgende Fragen bringen:

1. Was kann ich wissen?
2. Was soll ich tun?
3. Was darf ich hoffen?
4. Was ist der Mensch?«[4]

Die Fragen sind offen. Unterschiedliche Meinungen liegen als Antworten bereit. Zu prüfen ist, inwieweit in ihnen begründete Wahrheiten enthalten sind.

## 2. Inhalt

### I. Aufzug

**1.** Der Jude Nathan, ein reicher Kaufmann aus Jerusalem, ist von einer weiten Geschäftsreise, die ihn während eines Waffenstillstands zur Zeit der Kreuzzüge bis Babylon führte, wohlbehalten nach Hause zurückgekehrt. Hier muss er erfahren, dass in der Zwischenzeit sein Haus brannte und dass Recha, seine Pflegetochter, die allgemein für seine leibliche Tochter gehalten wird, von einem Tempelherrn aus den Flammen gerettet wurde. Daja, eine Hausangestellte christlichen Glaubens, möchte in der Rettung Rechas ein Wunder, also einen unmittelbaren Eingriff des Himmels sehen. Nathan weist diese Deutung zurück. Er hält die Rettung für die gute Tat eines edlen Mannes, bei dem er sich unbedingt bedanken möchte. Überraschend und der Erklärung bedürftig sind für ihn die näheren Umstände der Tat: Wie ist zu erklären, dass im Herrschaftsbereich des muslimischen Sultans Saladin ein christlicher Tempelherr freien Ausgang hat, während auch zur Zeit der augenblicklichen Waffenruhe christlichen Tempelrittern meist die Hinrichtung droht, wenn man ihrer habhaft wird? Und: Was veranlasst einen christlichen Ritter unter Einsatz seines Lebens ein Judenmädchen zu retten?

> Die Rettung Rechas – ein Wunder?

**2.** Wenn Recha, die ihren Vater freudig begrüßt, von ihrer Rettung berichtet, merkt man, dass sie die Deutung Dajas übernommen hat und überzeugt ist, dass ihr ein »Wunder« (209) widerfahren sei, verursacht durch den unmittelbaren Eingriff eines »Engels« (190). Nathan tadelt Recha und Daja als »grausame Schwärmerinnen« (329) und sucht nach einer natürlichen Erklärung der Zusammenhänge, die auch für ihn vorläufig »so gar unglaublich« (254) sind. Nathan bestreitet nicht, dass es Gott ist, der letzten Endes die »Fäden lenkt« (275); aber er hält den Menschen für fähig, aus eigener Einsicht im Sinne dieses Gottes »Gutes« (358) zu tun und das Eingreifen von Engeln überflüssig zu machen. Deshalb ist laut Nathan im Sinne Gottes und zum Wohl der Menschen »gut handeln« (361, 364) angemessener, aber auch schwerer als »andächtig schwärmen« (360, 362). Recha zeigt sich nach dieser Belehrung weitgehend überzeugt, als das Gespräch dadurch unterbrochen wird, dass Al-Hafi, ein Schach-Partner Nathans, Muslim und neuerdings Schatzmeister des Sultans, erscheint.

3. Als Derwisch, d. h. als Mitglied eines mohammedanischen Bettelordens, fühlt sich Al-Hafi in der Rolle eines Schatzmeisters in den Diensten des Sultans sehr unwohl. Er sieht, dass der Sultan einerseits in Finanznöten ist und dass er andererseits Geld nicht besonders hoch zu schätzen scheint. Halbherzig macht Al-Hafi den Versuch, bei Nathan Geld für den Sultan zu leihen, und ist fast froh, als der das ablehnt.

*Die Geldnot Saladins*

4. Daja hat inzwischen den Tempelherrn »untern Palmen« (511) wandeln sehen. Nathan macht sich fertig, ihn zu begrüßen und zu sich nach Hause einzuladen.

5. Auf dem Platz mit Palmen wird der Tempelherr zunächst von einem Klosterbruder angesprochen. Dieser soll im Auftrag des Patriarchen, also des Bischofs von Jerusalem und somit des höchsten christlichen Repräsentanten am Ort, den Tempelherrn auf seine Zuverlässigkeit prüfen und ihn dann veranlassen, eine Botschaft des Patriarchen an

König Philipp, den Führer des Kreuzfahrerheers, zu übermitteln, diesen dabei über die Situation der Stadt Jerusalem zu informieren und selbst bereit zu sein, Saladin »den Garaus […] zu machen« (671). Der Tempelherr, der von Sultan Saladin begnadigt wurde, sieht in solchen Tätigkeiten einen Verrat an seinem Wohltäter und weist die Bitten und Aufträge – zur großen Erleichterung des Klosterbruders – entschieden zurück.

> Die Hinterlist des Patriarchen

6. Daja ist vorausgegangen und lädt den Tempelherrn ein, Nathan und sein Haus kennen zu lernen. Der Tempelherr weigert sich hartnäckig.

## II. Aufzug

1. In seinem Palast spielt Sultan Saladin mit seiner Schwester Sittah Schach. Er ist unkonzentriert, was verwunderlich ist, da er bei Spielverlust einen Geldbetrag an die Gewinnerin zu zahlen hat, was aber verständlich wird, wenn man erfährt, welche Gedanken ihn bewegen. Er möchte Ausgleich zwischen den Konfliktparteien schaffen. Sein Bruder Melek hätte die Schwester von Richard Löwenherz, dem Heerführer der Gegenseite, heiraten sollen. Doch Melek ist verschollen. Nun möchte er seine Schwester Sittah mit Richards Bruder verbinden, um so »der besten Häuser in der Welt das beste« (862) zu begründen. So soll – auch im Großen – ein Verbund von Menschen entstehen, der die Unterschiede der Völker und der Konfessionen überwindet.

> Politische Absichten Saladins

2. Al-Hafi, der dem Sultan meldet, dass ausstehende Gel-

der aus Ägypten »vermutlich« (916) angekommen seien, möchte den Sultan vor der drohenden Niederlage im Schach bewahren, merkt aber, dass Saladin an einem Gewinn überhaupt nicht gelegen ist, und deckt schließlich auf, dass Sittah die im Spiel gewonnenen Gelder ohnehin in die Kasse Saladins zurückgibt. Beide, Saladin und Sittah, können Geld nicht für sich behalten, wenn sie sehen, dass es ein anderer nötig braucht. Sittah möchte Al-Hafi veranlassen, Geld für den Sultan bei Nathan zu entleihen, dessen »Reichtum« (1040) und »Weisheit« (1041) bei früherer Gelegenheit von Al-Hafi gepriesen wurden.

3. Nachdem Al-Hafi etwas unwillig weggegangen ist, informiert Sittah ihren Bruder genauer über den Ruf, der dem Juden Nathan vorausgeht.

4. Recha, die immer mehr zu erkennen gibt, dass sie sich in den Tempelherrn verliebt hat, kann es kaum erwarten, dass Nathan mit ihrem Retter zusammentrifft.

5. Das Gespräch, in dem sich Nathan bei dem Tempelherrn für dessen große Tat bedankt, ist zunächst von Vorurteilen belastet. Dann erkennen beide ihre übereinstimmende Überzeugung, »dass alle Länder gute Menschen tragen« (1274), und sie gestehen einander: »Wir müssen, müssen Freunde werden« (1306 und 1319).

*Freundschaft zwischen Nathan und Tempelherrn*

6. Daja unterbricht das Gespräch durch die Meldung, der Sultan wünsche Nathan zu sprechen.

7. In der Fortsetzung des Gesprächs stellt sich der Tempelherr mit seinem Namen vor – »Curd von Stauffen« (1374) –, erzählt von seiner Familie und der Begnadigung durch den Sultan. Nathan beginnt Beziehungen zwischen dem Tempelherrn und seinem alten Freund Wolf von Filnek zu erahnen.

**8.** Ehe Nathan zu Saladin geht, stellt er Daja in Aussicht, dass sie und Recha den Tempelherrn »jeden Augenblick« (1408) erwarten können. Er warnt Daja davor, dem Tempelherrn zu viel über Recha mitzuteilen.

**9.** Al-Hafi möchte Nathan auf den Besuch beim Sultan vorbereiten. Er selbst möchte die Dienste beim Sultan aufgeben und als Bettelmönch an den Ganges ziehen.

## III. Aufzug

**1.** Der Christin Daja größter Wunsch ist weiterhin, Recha in christliche Hände zu geben und in ein christliches Land – »Europa« (1538) – zu vermitteln. In Recha ist aber inzwischen der »Samen der Vernunft« (1564) aufgegangen, so dass sie gegenüber den Plänen Dajas skeptisch ist.

**2.** Dem Tempelherrn gegenüber findet Recha die passenden Dankesworte. Dieser verlässt Recha, um ihren Vater beim Sultan zu treffen, mit dem Gefühl, mehr für Recha zu empfinden, als er, der Tempelherr, zu dürfen meint.

> Der Tempelherr liebt die Jüdin

**3.** Daja macht im Nachgespräch bewusst, was Recha fühlt, dass nämlich zwischen Recha und dem Tempelherrn eine gegenseitige Zuneigung besteht.

**4.** Saladin und Sittah erwarten den Besuch Nathans.

**5.** Kaum hat Saladin Nathan begrüßt und etwas näher kennen gelernt, als er ihn mit der Frage überfällt:

> Was für ein Glaube, was für ein Gesetz
> Hat dir am meisten eingeleuchtet? (1839)

**6.** Nathan hat nur kurze Zeit zu überlegen und beschließt, die Frage mit einem »Märchen« (1890) zu beantworten.

**7.** Der Sultan ist einverstanden, sich ein »Geschichtchen«

**14**  2. INHALT

(1905) anzuhören und erkennt zunehmend, dass die Geschichte von den drei Ringen eine Antwort auf seine Frage ist. Er kann sich mit Inhalt und Intention der Parabel identifizieren und bittet Nathan: »sei mein Freund« (2060). Im weiteren Gespräch erkennen sie, dass »aus Einer guten Tat« (2104), nämlich der Begnadigung des Tempelherrn, »andre gute Taten« (2106), so die Rettung Rechas durch den Tempelherrn, geflossen sind. Das ist ein weiterer Grund für den Sultan, den Tempelherrn genauer kennen lernen zu wollen.

> *Die Ring-Parabel*

8. Der Tempelherr, unter Palmen auf und ab gehend, gibt vor sich selbst zu, an Recha »verstrickt, in sie verwebt zu sein« (2125). Dass der Tempelritter »liebt« (2131), ist eine erste Komplikation, dass »der Christ das Judenmädchen […] liebt« (2130 f.), eine zweite.

9. Alle Bedenken beiseite schiebend, bittet der Tempelherr Nathan ungestüm um die Hand Rechas und ist verwirrt, als dieser um Bedenkzeit bittet.

> *Zurückweisung des Tempelherrn durch Nathan*

10. Daja ist dem Tempelherrn nachgegangen. Sobald sie ihn allein sprechen kann, verrät sie ihm, dass Recha nicht die leibliche Tochter Nathans ist, sondern eine Christin, die Nathan an Kindes statt angenommen hat.

## IV. Aufzug

1. Der Tempelherr hat nun seinerseits den Klosterbruder aufgesucht, um eine Verbindung zum Patriarchen herzustellen.

2. Der Patriarch ist »sehr erfreut« (2462), dem Tempelherrn zu begegnen, und noch mehr darüber, dass dieser ihn

um einen Rat fragt. Es geht um das Problem, ob ein Jude »ein Christenkind« (2504) erziehen dürfe oder nicht. Für den Patriarchen steht das Urteil fest: »der Jude wird verbrannt« (2547). Der Tempelherr bricht den »Sermon« (2584) ab. Der Patriarch beabsichtigt, den Sultan um Amtshilfe zu bitten.

> Der Auftritt des Patriarchen

**3.** Eine »Menge Beutel« (nach 2600) Geldes, die Anleihe Nathans, werden in den Palast des Sultans getragen. Saladin und Sittah warten auf Nathan und den Tempelherrn und erinnern sich in der Zwischenzeit ihres Bruders Assad.

> Erinnerungen an Assad

**4.** Der Tempelherr erscheint bei Saladin und beklagt sich, dass der Jude Nathan ihm die Hand Rechas verweigere, die, wie er jetzt wisse, ein »Christenkind« (2776) sei.

**5.** Sittah empfiehlt Saladin, Recha zu sich in den Palast zu holen.

**6.** Daja bereitet für Recha das Brautkleid vor. Sie geht davon aus, dass der Tempelherr Anspruch auf Recha habe.

**7.** Zu Nathan kommt der Klosterbruder, der nun weiß, dass der Patriarch nach der Herkunft Rechas forschen wird, und der sich erinnert, dass er Nathan »vor achtzehn Jahren«, damals noch ein »Reitknecht«, »ein Töchterchen […] von wenig Wochen« (2971 f.) gebracht hat, das er von »Wolf von Filnek« (2976), dem Vater, übernommen hatte, als die Mutter des Kindes gestorben war. Nathan erinnert sich an die Situation. Der Klosterbruder hat sogar noch »ein Büchelchen […] vom sel'gen Herrn« (3102).

> Die Vorgeschichte Rechas und Nathans

**8.** Daja berichtet Nathan, dass Prinzessin Sittah Recha zu sich hat rufen lassen. Daja beabsichtigt nun, Recha selbst über deren wahre Herkunft zu informieren.

## V. Aufzug

1. Bei Sultan Saladin wird der endlich eintreffende Geldtransport aus Ägypten ausgeladen.

2. Saladin lässt sich vom Krisengebiet im Libanon berichten.

3. Der Tempelherr, unter Palmen vor Nathans Haus auf und ab gehend, durchdenkt seine Situation und befürchtet, dem Patriarchen zu viel anvertraut zu haben.

4. Der Klosterbruder bringt Nathan das Buch, »der Tochter ganzes väterliches Erbe« (3295), das Nathan helfen soll, die wahren Verwandtschaftsverhältnisse aufzuklären.

5. Der Tempelherr trifft auf Nathan. Dem Tempelherrn tut längst Leid, dass er dem Patriarchen mehr gesagt hat, als gut war. Er gesteht auch, dass Daja ihm die wahre Geschichte Rechas anvertraut hat. Er glaubt Nathan einen sicheren Vorschlag zur Rettung Rechas und zur Lösung aller Probleme zu machen, indem er sagt: »Gebt sie mir!« (3444 f.). Doch Nathan zögert, bittet den Tempelherrn, ihm zu Saladin zu folgen, dort werde er unter anderem den Bruder Rechas kennen lernen.

> Das Drängen des Tempelherrn

6. Recha ist inzwischen bei Sittah eingetroffen und freundschaftlich empfangen worden. Sie durchschaut die Situation nicht und merkt nur, dass Daja, die ihr »so viel Gutes, – so viel Böses« (3576) erwies, neue Konflikte geschaffen hat, indem sie verbreitete, Recha »sei aus christlichem Geblüte« (3635) und Nathan nicht ihr wahrer Vater.

7. Den eintretenden Sultan fleht Recha an, ihr zu helfen und ihr Nathan als Vater zu lassen. Saladin bietet an, im Notfall selbst die Vaterrolle übernehmen zu wollen. Indirekt empfiehlt er jedoch, nicht auf die Obhut eines Vaters zu

setzen, sondern nach jemandem Ausschau zu halten, »der mit uns um die Wette leben will« (3675).

**Letzter Auftritt:** Jetzt treffen auch Nathan und der Tempelherr bei Saladin ein. Damit sind alle Hauptpersonen und die wichtigsten Repräsentanten der drei Hauptreligionen versammelt. Nun werden alle Probleme und Konflikte gelöst. Indem der Sultan berichtet, dass der Geldtransport eingetroffen und er wieder »reich« (3694) sei und Nathan die Anleihe zurückzahlen könne, ist ein Nebenproblem beseitigt. Wichtiger sind die Darlegungen Nathans. Er kann jetzt nachweisen, dass der Tempelherr nicht Curd von Stauffen, sondern Leu von Filnek heißt. Seine Mutter war eine »Stauffin« (3771), aber sein Vater hieß Wolf von Filnek, war kein Deutscher, sondern in Wahrheit Assad, der verschollene Bruder des Sultans. Curd von Stauffen nahm den Sohn seiner Schwester »an Kindes statt« (3776) an und stellte ihn unter seinem Namen als Curd von Stauffen vor. Recha hieß ursprünglich »Blanda von Filnek« (2976) und ist die leibliche Tochter von »Wolf von Filnek« (2976) und einer »Stauffin« (3098), nämlich der Schwester von »Conrad von Stauffen« (3100), wie der Klosterbruder berichtete und wie aus dem »Büchelchen« (3102) hervorgeht. Recha und der Tempelherr sind also leibliche Geschwister, zudem mit Saladin und Sittah verwandt. Alle Hauptpersonen – Saladin, der Tempelherr und Recha – sind miteinander verwandt; nicht blutsverwandt, doch geistesverwandt mit diesen ist Nathan, der Weise. Zweitrangig erscheinen demgegenüber die Unterschiede der Nationen und Konfessionen.

> *Aufklärung der verwandtschaftlichen Beziehungen*

## 3. Personen

### Das Personenverzeichnis

Es entspricht den Regeln der zur Zeit Lessings gültigen Poetik, dass Saladin, der Sultan von Syrien und Ägypten, als Erster genannt wird, obwohl er nicht die Hauptperson des Dramas ist. Entsprechend der sogenannten Ständeklausel gebührt dem Herrscher Saladin und seinem Haus, hier vertreten durch Sittah, seine Schwester, der erste Rang im Personenverzeichnis. Sultan Saladin ist eine historische Person: Zusammen mit dem Hinweis »Die Szene spielt in Jerusalem« kann man so den geschichtlichen Hintergrund des Dramas erschließen.

*Die Ständeklausel*

Unter der Herrschaft von Sultan Saladin ist das Miteinanderleben unterschiedlicher Bevölkerungsgruppen mit unterschiedlichen Konfessionen offensichtlich möglich. Zum Haus des Juden Nathan gehören er selbst, dann Recha, seine »angenommene Tochter«, und Daja, die Gesellschafterin Rechas, eine Christin. Verwunderlich erscheint, dass trotz muslimischer Oberhoheit ein christlicher Bischof in der Sonderstellung eines Patriarchen eine Rolle spielen kann. Er ist der ranghöchste Christ. Zu der Gruppe der Christen gehören weiter Daja, der Tempelherr und der Klosterbruder.

*Die Konfessionen*

Während die Spitzenstellung des Herrschers gemäß der angesprochenen Ständeklausel unbestritten ist, verwundert es, dass dem reichen Juden Nathan der Vorrang vor dem Patriarchen, dem geistlichen Fürsten in Jerusalem, gegeben wird. Offensichtlich schätzt der Autor den Bürgerstand Nathans höher als den geistlichen Stand, zu dem in Abstufungen Bischof, Tempelherr und Klosterbruder gehören.

Daraus darf geschlossen werden, dass das Drama, obwohl es auf historisch gesicherten Fundamenten gebaut ist, kein Geschichtsdrama ist. Zur Diskussion stehen auch die Rechte und Pflichten der einzelnen Stände. Seitdem in der frühen Neuzeit das Bürgertum als Dritter Stand seine Rechte neben Adel und Geistlichkeit beansprucht, ist der Ständestaat problematisch geworden.

In Saladin, dem Alleinherrscher, im Patriarchen, dem Kirchenfürsten, und in Nathan, dem reichen Juden, dürfen also drei Standesvertreter gesehen werden, durch welche die Gesellschaftsordnung gespiegelt wird, die zur Zeit Lessings noch vorherrschte. Das Verhältnis von Herrscher und Untertan, von Herr und Knecht, von Autorität und Menge ist in der Epoche der Aufklärung Gegenstand intensiver Diskussion.

*Die Standesvertreter*

## Die Hauptfiguren

Hauptperson und Titelfigur des Dramas ist **Nathan.** Bei ihm laufen die Handlungsstränge zusammen, er verknüpft die einzelnen Fäden zu einem Ganzen.

Nathan wird zunächst als Kaufmann vorgestellt, der seinen Wohnsitz in Jerusalem hat und von dort seinen Geschäften nachgeht. Er kommt von einer erfolgreichen Geschäftsreise zurück, hat Schulden eingetrieben und bringt Waren und Geld mit. Das Volk hat sich seine Meinung gebildet; im Sultanspalast weiß man:

> Den Reichen nennt es ihn
> Itzt mehr als je. Die ganze Stadt erschallt,
> Was er für Kostbarkeiten, was für Schätze,
> Er mitgebracht. (1049 ff.)

Der erfolgreiche Kaufmann prüft sehr sorgfältig, wo er sein Geld einsetzt, und ist keineswegs bereit, die leere Staatskasse zu füllen, nur weil sein Freund Al-Hafi Schatzmeister des Sultans geworden ist. Dagegen leiht er dem Sultan bereitwillig Geld, sobald er ihm Vertrauen schenken kann.

Nathan ist in Geldsachen bedächtig, aber nicht geizig. Im Gegenteil: Seine »Güte« (38), seine »Großmut« (55), seine Bereitschaft zu »schenken« (52) werden ausdrücklich herausgestellt, damit kein falsches Vorurteil entstehen kann. Bürgerliche Tüchtigkeit und »Tugend« (36) sind in der Person Nathans eine Einheit eingegangen.

Ganz selbstverständlich spricht Nathan von »meine(r) Recha« (21, 29) und redet sie mit »Mein Kind! Mein liebes Kind!« (178) an, während der Leser und Zuschauer aus dem Personenverzeichnis weiß, dass Recha eine »angenommene Tochter« ist. Doch Nathan füllt die Vaterrolle so überzeugend aus, wie es kein leiblicher Vater besser könnte. Er ist vorbildlicher Beschützer, Erzieher und Anwalt seiner Tochter.

Ihm ist bewusst, dass er in der Gesellschaft einen schweren Stand hat: »Doch bin ich nur ein Jude« (56). Nicht nur für Daja ist das Jude-Sein ein entscheidender Makel Nathans. Auch der Tempelherr und Saladin sehen in Nathan zuerst den Juden, der im allgemeinen zu meiden ist. Der christliche Patriarch hält einen Juden, der ein »Christenkind […] als Jüdin erzogen« (2504) hat, sogar für einen Frevler, der auf »den Scheiterhaufen« (2537) gehört. Niemand von

## 3. PERSONEN

denen, die von dem Vorurteil gegenüber Juden besetzt sind, kennt die wahre Lebens- und Glaubensgeschichte Nathans.

Nathan und seine Familie sind achtzehn Jahre zuvor Opfer eines Anschlags von Christen gewesen. Damals hatte sich seine »Frau mit sieben hoffnungsvollen Söhnen« (3041) in das Haus von Nathans Bruder geflüchtet, wo dann alle haben »verbrennen müssen« (3045). Wie Hiob im Alten Testament hat Nathan »in Asch' und Staub vor Gott gelegen, und geweint« (3047). Er hat vorübergehend »mit Gott [...] gerechtet [...] und die Welt verwünscht« (3049). Doch dann »kam die Vernunft allmählig wieder. Sie sprach [...]: Und doch ist Gott!« (3052 f.). Der Schicksalsschlag hat Nathan nicht verzweifeln, sondern hat ihn einen neuen Glauben finden lassen.

Dieser neue Glaube ist auf Vernunft gegründet. Die menschliche Vernunft sagt, dass es Gott gibt, dass Gott die Geschicke der Welt lenkt, dass es eine Vorsehung – eine »Vorsicht« (3077) – gibt, dass der Mensch sich »Gottes Ratschluss« (3054) fügen sollte, auch wenn er ihm schwer verständlich ist, und dass es der »Tat« (3071) des Einzelnen bedarf, wenn diese Erde entsprechend den Vorstellungen Gottes vollendet werden soll.

Diesem Glaubensbekenntnis folgend hat Nathan nach dem erlittenen Schicksalsschlag einen neuen Lebensabschnitt begonnen und als erste Tat Recha, die verwaiste Tochter christlicher Herkunft, an Kindes statt angenommen. Nathan ist weiterhin Jude – der Herkunft nach; er hat sich zugleich vom orthodoxen Judentum gelöst und ein Konzept entwickelt, nach dem Glaube und Vernunft, Vorsehung und menschliche Tugend Einklang finden.

Dass Nathan diese Weltanschauung beispielhaft vorlebt, zur Grundlage von Rechas Erziehung macht und sie erläutert, wo sich die Gelegenheit ergibt, macht ihn zum »weisen Nathan« (1799). Damit wird er in eine Position gehoben, durch die er alle anderen Personen des Dramas überragt.

Vom Autor ist er als vorbildliche Figur angelegt; beim Leser und Zuschauer erlangt er die höchste Sympathie. Er bekennt sich als gläubigen Juden, verhält sich jedoch kritisch zu dem Anspruch der Judengemeinschaft, Gottes auserwähltes Volk zu sein. Nathan ist anderen Religionen gegenüber tolerant, sucht das kritische aufklärerische Gespräch, vermeidet jede Art von Indoktrination. Er selbst hat Glaubenskrisen durchgemacht, die ihn und seinen Glauben verändert haben. Es ist verständlich, dass derjenige, der nach Wahrheit sucht, bei Nathan anfragt.

**Saladin.** Der Palast des Sultans ist der Mittelpunkt der politischen Macht in Jerusalem. Hier gibt Al Hafi, der Schatzmeister, Rechenschaft von seinem Tun; hierhin werden nacheinander Nathan, der Tempelherr und Recha bestellt; hier spielt die große Schluss-Szene, von der eine neue Epoche der Weltgeschichte ausgehen soll.

Sultan Saladin wird von Sorgen unterschiedlicher Art geplagt. Die Gegner, also die Tempelherren, haben »des Waffenstillstandes Ablauf kaum erwarten können« (899); sie haben vertragswidrig einen Angriff bei »Tebnin« (573) unternommen, bei dem einige Tempelritter gefangen genommen wurden. Die Tempelherren hintertreiben eine Heirat zwischen Saladins Bruder Melek und »Richards Schwester« (893), die nicht nur symbolisch zu einem politischen Ausgleich hätte führen können. Saladin steckt außerdem in Geldschwierigkeiten; er wartet auf Tributzahlungen aus

## 3. PERSONEN  23

Ägypten und weiß, dass auch den Vater »auf Libanon [...] Sorgen« (906) drücken, weil die Kriegskasse leer ist.

Zwei politische Entscheidungen sind in der unmittelbaren Vergangenheit getroffen worden. Zum einen hat Saladin Al-Hafi, einen Derwisch, also einen Bettelmönch, zum »Schatzmeister« (400) gemacht, was nicht nur Nathan verwundert. Zum Zweiten hat er die gefangen genommenen Tempelritter hinrichten lassen, einen von ihnen allerdings begnadigt, was einem Wunder gleichkommt.

Saladin erfüllt die Pflichten, die das Amt mit sich bringt, doch erstickt er nicht in den Tagesaufgaben. Mit seiner Schwester spielt er täglich Schach, wie es scheint, und er zahlt ihr einen Preis, wenn sie gewinnt, auch wenn das Geld knapp ist. Mit der Schwester bespricht er politische Probleme und lässt sich von ihr raten, den Juden Nathan vorzuladen und einen »Anschlag« (1144) auf sein Geld zu unternehmen.

> Die Begegnung mit Nathan wird dann zum Schlüsselerlebnis für Saladin. Die Frage nach der »Wahrheit« (1867), die als Fangfrage gedacht war, wird auslösendes Moment einer Bewusstseinswandlung. In dem Augenblick, in dem er das »Märchen« (1890) von den drei Ringen versteht, erkennt er, dass die hier dargelegten Grundsätze als Fundament einer besseren Weltordnung taugen könnten, und ihm wird bewusst, dass er einige der Leitlinien schon befolgt hat, ohne das zu durchschauen.

Sultan Saladin hat auch bisher schon den Titel »Verbesserer der Welt und des Gesetzes« (1902) geführt. Ansatzweise wurde er dem Titel bereits dadurch gerecht, dass er durch äußerste Freigebigkeit versuchte, die Bettler »mit Stumpf und Stiel [...] zu vertilgen« (408). Seine Bemühungen, einen Frieden herzustellen, und die Begnadigung des Tempelherrn sind weitere anerkennenswerte »gute Taten« (2106). Indem er nun Freundschaft mit dem Juden Nathan schließt, überwindet er nicht nur alle Vorurteile, sondern bildet mit diesem eine Glaubensgemeinschaft, die die Grenzen der eigenen Religion überwindet, ohne doch die eigene Religion aufzugeben. Zusammen mit Nathan wird er den Tempelherrn auf den rechten Weg bringen und Recha vor ihren Verfolgern beschützen.

**Der junge Tempelherr** gehört einem der geistlichen Ritterorden an, die im Verlauf der Kreuzzugsbewegung in Europa gegründet wurden. Ihre ursprüngliche Aufgabe war, Pilger vor den Überfällen der Sarazenen zu schützen. Sehr bald griffen sie auch ins Kampfgeschehen ein und übernahmen Machtpositionen. Wie in anderen Orden üblich legten die Mitglieder ein Gelübde zu Armut, Keuschheit und Gehorsam ab. Gleichzeitig waren sie dem Ideal des christlichen Ritters verpflichtet. Seinen Namen leitet der Orden der Tempelherrn von dem Versammlungsort in Jerusalem her, der in der Nähe des alten Salomonischen Tempels lag.

Als Mitglied seines Ordens ist der junge Tempelherr zur Truppenverstärkung ins Heilige Land gekommen. Er war an den Kampfhandlungen in Tebnin beteiligt, durch die der Waffenstillstand gebrochen wurde. Als Gefangener wurde er dem Sultan vorgeführt, der ihn zur allgemeinen Überraschung begnadigte. Bei einem Gang durch die Stadt nahm er den Brand in Nathans Haus wahr und rettete Recha, die Tochter Nathans, aus den Flammen. Weiteren Kontakt zu Daja und Recha vermied er; auch vor Nathan, dem gegenüber er das bei Christen übliche Vorurteil gegen Juden hat, spielt er die Motive seiner Tat herunter:

*Die Rettungstat*

## 3. PERSONEN

> Es ist der Tempelherren Pflicht, dem Ersten
> Dem Besten beizuspringen, dessen Not
> Sie sehn. (1213 ff.)

Als auferlegte, nicht als frei und eigenständig getroffene Entscheidung stellt er seine Tat hin, für die er folglich keinen Dank beanspruchen könne. Im gleichen Atemzug, d. h. im nächsten Satz, gibt er eine zusätzliche Erklärung: »Mein Leben war mir ohnedem in diesem Augenblicke lästig« (1215 f.).

Das Gespräch mit Nathan leitet auch bei ihm eine grundlegende Wandlung ein. Nathan fragt provozierend: »Sind Christ und Jude eher Christ und Jude, als Mensch?« (1310 f.) Nathan ist überzeugt, »dass alle Länder gute Menschen tragen« (1274). Damit ist der Widerstand des Tempelherrn gebrochen und spontan geht er auf Nathan zu: »Wir müssen, müssen Freunde werden« (1319). Nun ist der Tempelherr auch bereit, das Haus des Juden Nathan zu betreten.

Dort hat nun auch Recha Gelegenheit, ihrem Retter zu danken. In Rede und Gegenrede erkennen sie ihre gegenseitige Sympathie, und bald muss der Tempelherr feststellen, dass er, der Christ, das Judenmädchen liebt. Er merkt, dass er sich damit von seinem Orden abwendet, und rechtfertigt sich damit, dass er seit der Gefangennahme als »Tempelherr [...] tot« (2135 f.) sei, dass »der Kopf, den Saladin mir schenkte, [...] ein neuer sei« (2138), der vergessen dürfe, was dem alten »eingeplaudert ward« (2140), dass er folglich ein neues Leben beginnen dürfe. Er, der »in dem gelobten Lande« »der Vorurteile mehr schon abgelegt« (2132) hat, will nicht mehr den Ordensregeln folgen, sondern der Stimme der »Natur« (2181).

Liebe zu Recha

Während Daja alles tut, eine Heirat zwischen Recha und dem Tempelherrn zu forcieren, bittet Nathan um Bedenkzeit. Sofort entsteht bei dem Tempelherrn Misstrauen; alte Vorurteile werden wach; der verliebte Tempelherr sucht Wege, Recha auch gegen den Willen des Vaters für sich zu ertrotzen. Von Saladin zu einer besseren Einsicht gebracht, söhnt er sich mit Nathan aus, bittet drei Mal intensiv um die Hand Rechas – »Also – gebt sie mir« (3424, 3444, 3445) –, ohne ihre Lebensgeschichte untersuchen zu wollen:

> Sie sei
> Nun Eure Tochter, oder sei es nicht!
> Sei Christin, oder Jüdin, oder keines!
> Gleichviel! gleichviel! (3427)

Obwohl er diesen beispielhaften Beweis einer von Vorurteilen freien Liebe liefert, zögert Nathan immer noch; denn Nathan weiß inzwischen genauer, wer dieser Tempelherr ist.

Schon früher hat sich angekündigt, dass der Tempelherr eine bemerkenswerte Lebensgeschichte vorzuweisen hat.

*Herkunft*

Saladin hatte ihn begnadigt, »weil er seiner Brüder einem, den er besonders lieb gehabt, so ähnlich sehe« (249 f.); Nathan stutzt, als er des Tempelherrn Namen – »Curd von Stauffen« (1374) – zum ersten Mal hört. Die Namen »Filnek und Stauffen« (1399) wecken Erinnerungen an frühere Bekannte. Beide Spuren müssen zurückverfolgt werden. Und dabei bestätigt sich, dass der Tempelherr tatsächlich der Sohn Assads, also der Neffe Saladins und Sittahs ist. Assad hatte als Wolf von Filnek mit einer »Stauffin« zwei Kinder, nämlich Blanda von Filnek, die als Recha im Hause Nathans lebt, und Leu von Filnek, den jungen Tempelherrn. Dieser wurde von Curd von Stauffen an Kindes statt angenommen und nahm dessen Namen an, als er ins Heilige Land zog. So sind

## 3. PERSONEN

des Sultans Vermutungen richtig, dass der Tempelherr mit Assad leiblich und geistig verwandt sei. Nathan erkennt die Wesensverwandtschaft zwischen dem Ziehvater, seinem Freund Curd von Stauffen, und dem Pflegesohn, der nun im Heiligen Land Recha, seine leibliche Schwester, trifft.

Eine Eheschließung verbietet sich nun. Stattdessen finden sich der Tempelherr und Recha in einem großen, die Länder und Konfessionen übergreifenden Familienverband, der nicht nur durch verwandtschaftliche Beziehungen, sondern auch durch gleiche Grundüberzeugungen verbunden ist.

**Recha** ist, wie sich am Ende herausstellt, die leibliche Tochter Assads, des Bruders von Saladin, der mit einer Christin, einer »Stauffin«, vermählt war | *Herkunft* | und im Krieg fiel. Die Mutter starb bei der Geburt Rechas. Ein Reitknecht wusste sich keinen anderen Rat, als das Kind Nathan, dem Juden, zu übergeben, der gerade seine eigene Familie verloren hatte. So wurde Nathan zum Pflegevater Rechas, und Recha, das Christenkind mit moslemischer Verwandtschaft im Hintergrund, wurde im Haus des Juden erzogen und zunächst von einer »Amme« (3659), dann von Daja, der Christin, versorgt. Ihren richtigen Namen – »Blanda von Filnek« (3806) – und ihre wahre Herkunft erfährt sie erst spät.

Recha sieht in Nathan ihren wahren Vater. Als sie von Sittah, Saladins Schwester, bestaunt wird – »So jung! so klug! so fromm!« (3525) –, lenkt sie | *Ihr Glaube* | dieses Lob einzig auf ihren Vater, von dem sie bis in Einzelheiten weiß, »wie? wo? warum? er mich's gelehrt« (3539). Er war es, wie sie an andrer Stelle sagt, der ihr »den Samen der Vernunft so rein in [ihre] Seele streute« (1564). Er riet ihr zudem, auf das »Herz« (1167) zu hören und der »Natur« (1165) zu vertrauen, wenn in ihrer »Seele ganz etwas anderes noch sich rege« (1161 f.). So steht sie fest in der »Lehre, dass Ergebenheit in Gott von unserm Wähnen über Gott so ganz und gar nicht abhängt« (1590 ff.).

> Obwohl Recha fest in dem Glauben ihres Vaters steht, ist sie vor fremden Einflüssen nicht ganz sicher. Daja, die Christin, möchte sie von ihrem Wunderglauben überzeugen, und fast wäre auch Recha zur Schwärmerin geworden. Nathan hat einige Kraft aufzuwenden, um Recha zu »belehren« (277) und ihr klar zu machen, dass solche Aufklärung »Arznei, nicht Gift« (355) ist, dass »andächtig schwärmen leichter, als gut handeln ist« (359).

Obwohl Recha die Anschauungen Dajas für falsch und gefährlich hält, weiß sie doch anzuerkennen, was sie Daja verdankt. Wie eine »Mutter« (3581) hat Daja sie »gepflegt« (3581) und ihr »so viel Gutes […] erwiesen« (3576), allerdings auch »so viel Böses« (3577), indem sie sie auf den ihrer Ansicht nach »einzig wahren Weg nach Gott« (3588) zwingen möchte. Dieses Ziel vor Augen ist die »gute böse Daja« (3572) bereit, alle Anstrengungen zu unternehmen.

Doch Recha hat ein sicheres Gespür für das, was mit ihr geschieht. Sie sucht Hilfe bei Sittah und Saladin; sie kämpft um den Vater, auch wenn es nicht ihr leiblicher ist. Auf ihn setzt sie sogar mehr als auf den Tempelherrn, für den ihr Herz eine Zeit lang schlug, der ihr auch, wie sie spürt, »ewig wert« (1719) sein wird, dessen Anblick sie aber nicht mehr in »neues Fieber« (1729) versetzt. Es scheint, als ob sie schon spüre, dass sie dem Tempelherrn nicht ehelich verbunden werden könne, da sie ihm schon lange geschwisterlich verbunden ist.

## Die Nebenfiguren

Den Nebenpersonen eines Dramas kommt im Allgemeinen die Aufgabe zu, die Handlung in Gang zu halten und Gespräche möglich zu machen. In dieser Funktion treten in Lessings Drama *Nathan der Weise* Emir Mansor und die Mamelucken im fünften Aufzug auf. Es erübrigt sich, sie näher zu charakterisieren.

Einen höheren Bedeutungsgrad haben die übrigen Nebenfiguren. Sie sind den Hauptpersonen in besonderer Weise zugeordnet. Indem man Übereinstimmungen und Unterschiede zwischen den Hauptpersonen und den ihnen zugeordneten Nebenpersonen herausarbeitet, erfasst man jede der Figuren und darüber hinaus die Gesamtintention des Textes besser.

Wie die Hauptpersonen sind auch die Nebenpersonen durch ihre jeweilige Konfession charakterisiert. Alle sind als Gläubige anzusehen; unterschiedlich ist ihr Verhältnis zu ihren Religionen, zu den Glaubensgemeinschaften, zu den Glaubenssätzen und zu den Lehrinstanzen.

## Vertreter des Judentums

Nathan, die Hauptperson des Dramas, wird im Personenverzeichnis als Jude angekündigt, stellt sich im Drama auch als »Jude« (56) vor, ist aber keineswegs der »Stockjude« (1885), den man erwartet hat. Zu Glaubensbrüdern oder zu einer Glaubensgemeinschaft scheint er keinen Kontakt zu haben. Es gibt keine jüdisch ausgeprägte Nebenperson im Drama.

### Vertreter des Islam

**Sittah**, des Sultans Schwester, ist eine kluge und gebildete Person. Sie hat Überblick über die politische und finanzielle Lage ihres Bruders und ist in der Lage, Ratschläge zu geben und helfend einzuspringen. Sie gibt keine Zeichen, ob und wie sie ihren Glauben praktiziert.

**Al-Hafi** ist als Derwisch Mitglied eines mohammedanischen Bettelordens, wie sie sich seit dem 8. Jahrhundert in Vorderasien entwickelten. Derwische lebten zum Teil in Klöstern, zum Teil als Wandermönche, die um milde Gaben bettelten. Vom politischen Leben hielten sie sich fern. Al-Hafi als Schatzmeister des Sultans ist als personifizierte Ironie des Amtes anzusehen. Er fühlt sich entsprechend unwohl in der Rolle, flieht, sobald er kann, aus der Verantwortung und strebt in die Ferne. Nathan gegenüber erklärt er:

> Am Ganges nur gibt's Menschen. Hier seid Ihr
> Der Einzige, der noch so würdig wäre,
> Dass er am Ganges lebte. – Wollt Ihr mit? (1492 ff.)

Dass er sich der gegebenen Gesellschaft entzieht, ist ebenso charakteristisch wie die Tatsache, dass er vor allen andern den Juden Nathan für würdig hält, in die Gemeinschaft wahrer Menschen aufgenommen zu werden.

### Vertreter des Christentums

**Daja** ist als Ehefrau eines Soldaten »in Kaiser Friedrichs Heere« (758) nach Palästina gekommen. Ihr Mann ist zusammen mit Kaiser Barbarossa im Fluss Saleph ertrunken; sie hat, obwohl Christin, eine Stelle als Gesellschafterin Rechas im Haus des Juden Nathan angenommen.

Sie weiß sich Nathan verpflichtet, der sie schätzt und reich beschenkt; und sie kümmert sich liebevoll um Recha. Hauptsächlich definiert sie sich aber als Christin, die von der allein selig machenden Kraft ihres Glaubens überzeugt ist. Daher plagt sie ihr Gewissen, dass sie Recha, von der sie weiß, dass sie christlich getauft wurde, nach Anweisung Nathans als »Judenmädchen zu erziehn« (756) hat.

Insgeheim versucht sie ihren Auftrag zu unterlaufen und Recha in die Gedankenwelt der Christen einzuführen, indem sie die Rettung Rechas als »Wunder« (79), als von einem »Engel« (145) vollbracht, erklärt. Eine Heirat Rechas mit dem Tempelherrn würde sie sehr begrüßen. Sie würde akzeptieren, dass der Tempelherr seine Gelübde brechen müsste, wenn nur Recha für das Christentum gerettet würde.

Daja ist eine gutmütige, liebevolle, aber borniete Frau. Sie ist naiv, unkritisch und unbelehrbar. Sie meint es gut, handelt aber verwerflich. Recha fasst die Charakterisierung in einem Oxymoron zusammen, wenn sie ihre Gesellschafterin als die »gute böse Daja« (3572) beschreibt.

Auch der **Klosterbruder** ist vor mehr als achtzehn Jahren als »Reitknecht« (2971) nach Palästina gekommen. Er hat einst das verwaiste Töchterchen seines Herrn, nämlich Recha, Nathan übergeben, um es vor dem Tod zu retten.

Ihm war bewusst, aber gleichgültig, dass er das Kind einem Juden übergab; denn, wie er sagt, »Kinder brauchen Liebe, […] mehr als Christentum« (3013). Und da »das ganze Christentum aufs Judentum gebaut« (3020) ist, kann er dem Konfessionsstreit ohnehin nicht so viel Gewicht beimessen.

So wird auch verständlich, dass er sich aus dem öffentlichen Leben zurückgezogen hat und eine Einsiedelei bezog, aus der er durch »arabisch Raubgesindel« (2937) verschleppt wurde. Er sucht nun durch Vermittlung »ein ander Plätzchen [...], allwo ich meinem Gott in Einsamkeit bis an mein selig Ende dienen könne« (2942). Der Patriarch spannt jedoch zwischenzeitlich den Klosterbruder in Dienste ein, die diesem in keiner Weise gefallen.

Einerseits weiß der Klosterbruder, dass es zu seinem Stand gehört zu »gehorchen [...] ohne viel zu klügeln« (559 f.). Andererseits distanziert er sich inhaltlich von den Aufträgen, die er formal korrekt erfüllt. So richtet er dem Tempelherrn die Aufträge des Patriarchen aus, die darin gipfeln, dem Sultan »den Garaus [...] zu machen« (671). Später hat er Nathan zu überwachen und auszuspionieren, ob der »Jude [...] ein Christenkind als seine Tochter sich erzöge« (2655). In beiden Fällen signalisiert er den Betroffenen, dass er eher auf ihrer Seite als auf der Seite des Auftraggebers steht.

Der Klosterbruder ist ein grundehrlicher, etwas einfältiger Mensch, der ein natürliches Empfinden hat, aber den offenen Konflikt mit den Autoritäten scheut. Er dürfte als Einsiedler am Berge Tabor ähnlich in sich zufrieden leben wie der Derwisch am Ganges. Beide Figuren haben vergleichbare Züge und vergleichbare – komische – Funktionen im Drama.

**Der Patriarch von Jerusalem** ist die höchste christliche Instanz, die das Drama vorstellt, und zugleich die Person, die sich die größte Verachtung zuzieht. In einer einzigen Szene (IV,2) tritt der Kirchenfürst persönlich auf, über sein Denken und Handeln hat der Klosterbruder aber schon vorher einiges mitgeteilt.

## 3. PERSONEN

Majestätisch – »mit allem geistlichen Pomp« (nach 2453) – erscheint der Würdenträger, behandelt die Versammelten von oben herab und redet den Tempelherrn wie einen kleinen Jungen an. Der Bitte des Tempelherrn um einen »Rat« (2474) kommt er gern nach – allerdings mit der Auflage, dass dieser »anzunehmen« (2475) sei, dass er nicht kritisch geprüft, nicht als Vorschlag erörtert werde. Der angebliche Rat ist vielmehr als die unbedingte Anweisung einer höchsten Autorität anzusehen, also kein Rat, sondern ein Befehl.

Autoritär, machtbewusst, durchsetzungswillig ist dieser Geistliche, der am liebsten die gesamte judikative Gewalt an sich ziehen möchte, um, auf »päpstliches und kaiserliches Recht« (2532) gestützt, »Strafe zu vollziehn« (2532), wenn er einem »Frevel« (2533) oder einer »Lastertat« (2534) auf die Spur kommt. Ein christlich getauftes Kind in einem jüdisch orientierten Haus aufzuziehen ist für ihn »Apostasie« (2537), also Verführung zur öffentlichen Lossagung vom rechten Glauben und daher strafbar.

*Autoritäres Verhalten*

Dass er allerdings gleich die Todesstrafe ins Auge fasst – »Tut nichts! Der Jude wird verbrannt« (2552) – macht ihn lächerlich. Spätestens an dieser Stelle muss der Zuschauer oder Leser merken, dass die hier vorgestellte Figur eine Karikatur, dass die Szene eine Satire ist.

Bloßgestellt wird der Patriarch in seinem Diskussionsverhalten. Er erwartet nicht nur, dass man ihm »blindlings« (2476) folgt, sondern auch, »dass man die »Vernunft« (2478) ausschaltet, wo angeblich »Gott« (2480) »auf irgendeine ganz besondere Weise« (2485) zu den Menschen spricht. Wann das der Fall ist, entscheidet offensichtlich die Kirche. Nach diesen Vorbemerkungen wird das eigentliche Ge-

*Verweigerung des Diskurses*

**34** 3. PERSONEN

spräch eröffnet. Der Tempelherr trägt sein Problem vor: Wie ist mit einem Juden zu verfahren, der »ein Christenkind« »zu allem Guten auferzogen«, aber »als Jüdin erzogen« (2497–2506) habe? Dem Patriarchen ist nicht an dem Problem, sondern an dem Fall gelegen. Er möchte nicht erörtern, ob das gut oder schlecht, gerecht oder ungerecht, für das Kind nützlich ist oder nicht. Für ihn steht das Urteil fest, sofern »der Fall ein Faktum« (2527) ist; dann nämlich sollte der Jude verbrannt werden. An einer vorurteilslosen, von allen Geltungsansprüchen freien Diskussion ist er nicht interessiert: Falls es nur um »eine Hypothes'« (2511) geht, »verlohnt es sich der Mühe nicht« (2520), einen Diskurs als »Spiel des Witzes« (2520) zu führen. Damit widersetzt sich der Patriarch grundsätzlich der in der Aufklärung entdeckten Methode der Wahrheitsfindung.

Nicht auf Vernunft und Diskursfähigkeit hat der Mensch nach der Vorstellung des Patriarchen zu bauen, sondern auf Glauben. Für ihn ist es eine unerträgliche Vorstellung, »ein Kind ohn allen Glauben« (2561) erwachsen werden zu lassen. Dabei denkt er nicht nur an die verpasste ewige Seligkeit, sondern auch an die Folgen für den Staat: »Alle bürgerliche Bande sind aufgelöset, sind zerrissen, wenn der Mensch nichts glauben darf« (2580 ff.). Der Patriarch baut auf die enge Verbindung von Staat und Kirche. Er glaubt sich beim Sultan Hilfe holen zu können, um den Juden, von dem die Rede war, aufzuspüren und zu bestrafen.

> *Die Bedeutung des Glaubens*

In seinem Denken und Handeln stellt der Patriarch das Gegenbild zu Nathan, dem Weisen und Toleranten, dar. Der Patriarch ist auf Indoktrination aus, hält einen »Sermon« (2584) und erstickt im Keim eine offene und kritische Diskussion. Er

> *Fundamentalismus*

ist orthodox, insofern er starren Lehrsätzen absolute Gültigkeit zuerkennt, und Fundamentalist, insofern er rigoros und voll »Eifer« (2592) nach diesen Lehrsätzen Todesurteile auszusprechen bereit ist.

Auch für den Patriarchen fand Lessing in seinen Quellen eine Vorlage in der Gestalt des Patriarchen Heraklius, der alles andere als ein vorbildlicher Geistlicher war. Für Lessings Zeitgenossen war jedoch deutlich, dass der Autor mit der Figur des Patriarchen indirekt den Hamburger Hauptpastor Goeze angriff, seinen Hauptkontrahenten im sogenannten Fragmentenstreit (vgl. S. 50). Lessing deckt dessen Vorstellung von Glaube, Vernunft, Kritik und Diskurs auf und lenkt den Blick auf die enge Verbindung von Kirche und Staat in seiner Zeit. In dem Patriarchen ist die Position verkörpert, die den genauen Gegensatz der Vorstellungen enthält, die Lessing von Religion, Kirche, Staat und Politik hat.

*Vorlage und aktueller Bezug*

Goeze hatte erreicht, dass sich Lessing »in Religionssachen [...] ohne vorherige Genehmigung des Fürstlichen Geheimen Ministerii«[5] nicht mehr äußern durfte. Nun lässt Lessing seinen Patriarchen dem Tempelherrn gegenüber sagen:

> [...] ist der vorgetragne Fall nur so
> Ein Spiel des Witzes: so verlohnt es sich
> Der Mühe nicht, im Ernst ihn durchzudenken.
> Ich will den Herrn damit auf das Theater
> Verwiesen haben (2519 ff.)

Goeze steht nun selbst zur Diskussion. Das Theaterpublikum wird wenig Pro und viel Contra an ihm entdecken.

## 4. Die Struktur des Werks

Lessing veröffentlichte sein Werk *Nathan der Weise* unter der Gattungsbezeichnung »Dramatisches Gedicht in fünf Aufzügen«. Damit ordnete er es eindeutig dem literarischen Bereich zu. Er wollte sein Stück als Dichtung, nicht als theologische Streit- und Kampfschrift verstanden wissen. Vor allem wollte er verhindern, dass es in den Kompetenzbereich der Zensurbehörde geriet, die über »Gedichte« keine Verfügungsgewalt hatte.

Mit der Kennzeichnung »Dramatisches Gedicht« weicht er zugleich dem Dilemma aus, das Drama genauer als Tragödie oder als Komödie zu klassifizieren. Es ist keins von beiden: sowohl tragische wie komische Züge sind nachzuweisen. Darüber hinaus wäre zu prüfen, ob die darzustellende Handlung in jenem Sinne »dramatisch« ist, dass sie den Zuschauer gespannt das Geschehen verfolgen lässt und ihm Konflikte und tätliche Auseinandersetzungen vorführt. Fraglos gesichert ist dagegen, dass die Struktur des Textes der Bauform »Drama« insofern entspricht, als hier eine geschlossene Handlung in Dialog und Monolog so auf Rollenträger verteilt ist, dass sie zur Darstellung auf einer Bühne, zur szenischen Präsentation oder zumindest zum Sprechen mit verteilten Rollen drängt.

*Die Gattung*

Die Handlung ist aufgeteilt auf fünf Akte, die ihrerseits wieder in Szenenfolgen unterschiedlicher Anzahl untergliedert sind. Der Schauplatz ist, grob benannt, die Stadt Jerusalem. Innerhalb der Stadt treffen die Personen einige Male im Haus des Nathan, einige Male im Palast des Saladin

*Handlung, Ort und Zeit*

# Die Personenkonstellation

## Hauptpersonen

| | **Nathan** Jude | **Saladin** Moslem | |
|---|---|---|---|
| | Kaufmann Witwer Vater von 7 Söhnen Pflegevater Rechas | Herrscher in Jerusalem unverheiratet | |
| | **Recha** | **Tempelherr** Christ | |
| | Tochter von Assad, dem Bruder Saladins Pflegetochter von Nathan | Sohn von Assad, dem Bruder Saladins Pflegesohn von Curd von Stauffen | |

## Christliche Nebenpersonen

**Der Patriarch**
Kirchenfürst in Jerusalem

**Der Klosterbruder**
Reitknecht bei Curd von Stauffen
Beauftragter des Patriarchen

**Daja**
Gesellschafterin Rechas

## Muslimische Nebenpersonen

**Sittah**
Schwester von Saladin, Melek und Assad

**Al Hafi**
Bettelmönch
Schatzmeister Saladins

und öfter noch auf Plätzen und Straßen der Stadt zusammen. Die Handlung läuft an einem Tag des Jahres 1192 während des Waffenstillstands zur Zeit des zweiten Kreuzzugs ab. Das Geschehen bleibt also insofern übersichtlich, als es die Einheit von Ort und Zeit wahrt und so eine Grundorientierung bietet.

Der Blick des Zuschauers wird auf die Personen gerichtet. Spannung gewinnt das Stück durch die Personen mit unterschiedlicher Herkunft, Lebensgeschichte und Weltanschauung, die nun an einem Ort zusammengeführt und durch ein eher zufälliges Ereignis verbunden werden. Da die Geschichten der einzelnen Personen erst im Laufe des Stücks offen gelegt werden, hat es Züge eines analytischen Dramas. Da sich aber andererseits durch die Begegnung der Personen eine Entwicklung vollzieht, die am Anfang nicht absehbar ist, herrschen Elemente des synthetischen Dramas vor: Personen, die am Anfang kaum bereit sind, ein Wort miteinander zu wechseln, bilden am Ende eine harmonische Gruppe.

*Nathan der Weise* ist Personen-Drama in ganz besonderem Sinne. Nathan, die Titelfigur, ist als Handlungs- und Ideenträger zweifellos Hauptperson. Er ist in allen fünf Akten präsent und tritt in 19 von insgesamt 40 Szenen auf. Er setzt als Pflegevater Rechas jene Handlungsfolge in Gang, die damit beginnt, dass er dem Tempelherrn begegnet, und die mit der Zusammenführung der Geschwister endet. Als reicher Kaufmann wird er zum Sultan geladen und ist dadurch an jenem Handlungsstrang beteiligt, in dem es um die Geldgeschäfte Saladins geht. Beide Handlungsfolgen sind äußerer Anlass dafür, die Hauptpersonen des Stücks zusammenzuführen.

> Personen-Drama

## 4. DIE STRUKTUR DES WERKS

Das eigentliche Geschehen des Dramas ist jenes, das im Innern der Personen abläuft und das nach außen in einzelnen Taten sichtbar wird. Auch hier geht die Bewegung von Nathan aus. Er ist als erster über die »Vernunft« (3052) zu einem neuen Verständnis von Gott und den Religionen gelangt. Er, der als Jude über das orthodoxe Judentum hinausgewachsen ist, lebt dieses Bekenntnis seiner Tochter Recha vor, trägt es dem christlichen Tempelherrn direkt und überzeugend vor – Tempelherr: »Wir müssen, müssen Freunde werden« (1319) – und legt es als große Parabel dem moslemischen Sultan dar, der mit der Bitte »sei mein Freund« (2060) ähnlich reagiert wie der Tempelherr.

Saladin spricht die zentrale Frage des Stücks aus, wenn er Nathan fragt:

*Die zentrale Frage*

Was für ein Glaube, was für ein Gesetz
Hat dir am meisten eingeleuchtet? (1840 f.)

Die Antwort Nathans, dargeboten als »Märchen« (1890), genauer als Parabel, bildet den Mittelpunkt des Dramas (III,5–7). Die Grundüberlegungen werden ergänzt durch die Religionsgespräche, die Nathan mit Recha (I,2) und mit dem Tempelherrn führt (II,5). Wichtiger aber als Glaubensbekenntnisse sind die Zeugnisse durch die Tat. Als Taten praktizierten Gottesglaubens dürfen die Rettung des verwaisten Christenkindes durch Nathan und den Reitknecht (2971 ff.), die Begnadigung des Tempelherrn durch Saladin (87 ff.) und die Rettung Rechas aus dem brennenden Haus (81 ff.) angesehen werden. Alle diese Taten erwachsen einer grundlegenden »Tugend« (36), der sich die Hauptpersonen verpflichtet fühlen.

Die zentrale Frage wird genau in der Mitte des Stückes gestellt und dann – unter Verwendung der Ringparabel – erörtert. Die praktischen Konsequenzen für Menschen,

> die sich dieser Frage ernsthaft stellen, werden in Handlungssträngen sichtbar, die sich über das ganze Drama ziehen. Vom Ende her gesehen, erkennt man, wie das tugendhafte Handeln mit dem Walten einer höheren Vorsehung übereinstimmt.

# Die Struktur des Dramas

## Die Handlungsstränge und die Entfaltung des Themas:

### I. Aufzug
Reaktionen auf die Rettung Rechas durch den Tempelherrn
– Deutung Dajas
– Nathans Aufklärung

Informationen zur Finanzlage des Sultans

Das Verhalten der Christen während des Waffenstillstands

### II. Aufzug
Die Situation am Hof Saladins
– Politik und Geld
– Meinungen über Nathan

Begegnungen zwischen Nathan und dem Tempelherrn

Dajas Sorgen

### III. Aufzug
Begegnungen zwischen Recha und dem Tempelherrn

Der geplante »Anschlag« (1144) auf Nathan

> Die Frage nach der wahren Religion
> Die Ring-Parabel
> Der ethische Imperativ

Recha und der Tempelherr
– Das Werben des Tempelherrn
– Bedenken Nathans
– Dajas Hoffnung

### IV. Aufzug
Erkundungen des Tempelherrn über Recha und Nathan

Eintreffen der Gelder aus Ägypten bei Saladin

Hinweise auf Vergangenheit Rechas, Nathans und des Klosterbruders

### V. Aufzug
Beseitigung von Saladins Geldnot

Aussprache zwischen Nathan und Tempelherrn

Aufklärung über die Lebensgeschichte Rechas und des Tempelherrn

Erkennen der Geistes- und Blutsverwandten

## Rückgriffe für die Vorgeschichte:

Begnadigung des Tempelherrn (I,1)

Rettung Rechas (I,1)

Hinweise auf die Lebensgeschichte Rechas (I,1)

Hinweis auf Saladins Bruder (I,2)

Dajas Lebensgeschichte (I,6)

Hinweise auf die Eltern Rechas und des Tempelherrn (II,7)

Hinweise auf den Vater des Tempelherrn (III,9)

Teile von Rechas Lebensgeschichte (III,10)

Nathans Familien- und Glaubensgeschichte (IV,7)

Teile von Rechas Lebensgeschichte (IV,7)

Hinweise auf Assad, den Bruder Saladins und Sittahs (IV,3)

# 5. Wort- und Sacherläuterungen

Jerusalem ist für drei Weltreligionen Heilige Stadt: Für die Juden ist es die Stadt Davids und des Tempels Salomos; für die Christen ist es die Stadt, in der Christus gekreuzigt und begraben wurde und wo er von den Toten auferstand; für Muslime ist Jerusalem nach Mekka und Medina die dritte Heilige Stadt, da Mohammed von hier aus in den Himmel aufgestiegen ist. Die Herrschaft über Jerusalem wechselte im Mittelalter mehrfach. Auf alten Stadtplänen kann man jedoch die Zuordnung der Templer-Gebäude, des Judenviertels, des Patriarchenpalastes und des muslimischen Felsendoms, wie sie zur Zeit Saladins gegeben war, leicht ausmachen.[6]

Insgesamt ist die Geschichte des Heiligen Landes von der Antike bis in die Gegenwart konfliktgeladen und wechselvoll. Die Zeit der Kreuzzüge, die in den europäischen Geschichtsbüchern durch die Zahlen 1096 und 1204 eingegrenzt wird, bildet in dem Ablauf nur eine Episode. Die großen Städte, die in Lessings Drama erwähnt werden, nämlich Jerusalem (6), Babylon (5) und Kairo (Kahira) (3157) bilden gegenwärtig wieder wichtige Zentren der internationalen Politik. Und auch die kleineren Orte wie Gaza (2979) (heute Ghaza), Askalon (2986) und Jericho (2936) sind ebenso wie der Berg Sinai (595, 1647) und das Libanon-Gebirge (662, 906, 3219) bekannt aus den aktuellen Tagesnachrichten und auf historischen Karten[7] ebenso zu finden wie auf aktuellen.

Das dramatische Gedicht Lessings hat nicht nur räumlich einen festen Untergrund; es ist auch zeitlich ziemlich genau fixiert. Die Haupthandlung spielt 1192 zur Zeit des von Sul-

## 5. WORT- UND SACHERLÄUTERUNGEN 43

tan Saladin und Richard Löwenherz ausgehandelten Waffenstillstands zwischen dem zweiten und dritten Kreuzzug. Als historisch bezeugte Personen sind der Sultan Saladin (1138–93) und seine Schwester Sittah anzusehen; erwähnt werden die europäischen Heerführer König Philipp August von Frankreich, Richard Löwenherz aus England und Barbarossa, der staufische Kaiser. Über den historischen Hintergrund hat sich Lessing sehr genau informiert; die zentrale Handlung ist dagegen seine Erfindung.

**Introite, nam et heic Dii sunt! Apud Gellium.** (Tretet ein, denn auch hier sind Götter! Bei Gellius): Der Gedanke, der auf den griechischen Philosophen Heraklit zurückgeht, ist von dem römischen Autor Aulus Gellius in der Vorrede zu den *Attischen Nächten* um 175 nach Christus formuliert. Das Zitat bereitet den Leser auf das Thema des Dramas vor.

**Sultan:** ein ursprünglich aramäisches Wort für Herrschaft und Herrscher.

**Tempelherr:** Mitglied eines geistlichen Ritterordens, der 1118 von Waffengefährten Gottfrieds von Bouillon gegründet, 1312 von Papst Clemens V. aufgehoben wurde.

**Derwisch:** muslimischer Bettelmönch.

**Patriarch:** Das griechisch-lateinische Wort bedeutet ursprünglich »Vaterherrscher«. Es bezeichnet 1. die biblischen Erzväter, ist 2. Amts- und Ehrentitel einiger römisch-katholischer Bischöfe und ist 3. Titel der obersten orthodoxen Geistlichen in Jerusalem, Moskau und Konstantinopel.

**Klosterbruder:** Mitglied einer Klostergemeinschaft, das nicht die geistlichen Weihen erhalten hat und als Laie eher niedrige Dienste verrichtet.

**44**  5. WORT- UND SACHERLÄUTERUNGEN

**Emir:** arabischer Fürstentitel.
**Mamelucken:** Leibwächter morgenländischer Herrscher; allgemein: Sklaven.

10 **födert:** vorangeht (heute weitergebildet zu »fördert«).
90 **Gewinst:** Gewinn.
99 **Des Hauses Kundschaft:** Kenntnis des Hauses.
111 **des Auferstandnen Grab:** die Grabstelle Christi, nahe dem Kreuzigungsort Golgotha.
120 **trat ... an:** trat an ... heran.
132 **Traun:** fürwahr, wahrhaftig (Ausrufewort, Füllwort).
142 **Grille:** sonderbarer Einfall, Laune.
152 **Muselmann:** Moslem.
158 **Hienieden:** hier unten auf der Erde.
**wallen:** wandeln.
223 **gaffend:** intensiv schauend, ohne besonders nachzudenken.
226 **Subtilitäten:** Zu (lat.) *subtilis* ›fein, genau, gründlich, scharfsinnig‹. Hier: Spitzfindigkeiten. Daja verwendet ein Wort der Wissenschaftssprache, deren sich später auch der Patriarch bedient.
235 f. **ledern Gurt, ... Eisen, ... Dolch:** Aus seiner Quelle notierte Lessing: »Ein Tempelritter muss überwinden oder sterben, und kann für seine Auslösung weiter nichts geben als seinen Dolch und seinen Gürtel.«[8]
237 **Das schließt:** Das ist Beweis genug.
283 **Bug:** Biegung, Krümmung.
311 f. **mich Deucht:** mir scheint.
323 **Vergnügsam:** zufrieden.
334 **Franke:** Seit dem 1. Kreuzzug (1096–99), der von Frankreich ausging, wurden im Orient alle europäischen Christen »Franken« genannt.

## 5. WORT- UND SACHERLÄUTERUNGEN 45

364 **dürfen:** brauchen, müssen.
372 **Itzt:** jetzt.
386 **Warum:** worum.
441 **Defterdar** (persisch): Schatzmeister.
470 **filzig:** durchtrieben geizig.
477 f. **Voglers ... Gimpel:** Al-Hafi vergleicht sich mit einem niedrigen Vogel, der durch die Lockpfeife des Vogelstellers hereingelegt und gefangen wurde.
523 **Biedermann:** abgeleitet von *bieder* ›anständig, ehrlich‹. Also: Ehrenmann.
577 **Selbzwanzigster:** ich selbst als der Zwanzigste einer Gruppe.
632 **König Philipp:** Philipp II., König von Frankreich (1180–1223), plante mit Richard Löwenherz (1189–99) den dritten Kreuzzug, zerstritt sich mit diesem aber, ehe sie in Jerusalem ankamen.
661 **ausgegattert:** ausgekundschaftet.
661 **Veste:** Festung, befestigtes Bauwerk.
673 **Maroniten:** Mitglieder der syrischen Kirche.
678 **Ptolemais:** Akka, war 1191–1291 Hauptsitz der Kreuzfahrer.
716 **Paket ... wagen:** sprichwörtlich: den Handel wagen.
734 **Spezereien:** Gewürzen.
736 **Sina:** China.
758 **Kaiser Friedrichs:** Kaiser Friedrich I. (1182–90), genannt Barbarossa, ertrank im Fluss Saleph auf dem Weg ins Heilige Land.
790–821 **Springer ... Gabel ... Abschach:** Fachausdrücke im Schachspiel.
805 **Dinar:** arabische Goldmünze.
   **Naserinchen:** kleine Silbermünze.
841 **Iman:** Imam: Vorsteher einer Moschee; muslimischer

## 5. WORT- UND SACHERLÄUTERUNGEN

Geistlicher. Der Iman würde streng darauf achten, dass wegen des islamischen Bilderverbots mit »glatten Steinen« und nicht mit Figuren gespielt wird.

857 **Richards:** Richard Löwenherz. Sein Bruder ist Johann, der spätere König Johann I. (1166–1216) von England. Die Heiratsüberlegungen sind Erfindung Lessings.

870 **wirzt:** würzt, wertvoll macht.

953 **Mummerei:** Verstellung, Verheimlichung.

962 **sich verbitten:** sich etwas erbitten.

1002 **Abbrechen ... sparen:** sparen.

1007 **abzudingen:** abzuhandeln.

1015 **auf Unterschleif:** ›bei Benachteiligung der Staatskasse‹. Al-Hafi fürchtet eher zur Rechenschaft gezogen zu werden, wenn ein Plus, ein ›Überschuss‹, in der Kasse ist, als wenn ein ›Minus‹ vorgefunden wird.

1067 **trotz Saladin:** ebenso, so gut wie Saladin.

1070 **Parsi:** Anhänger des persischen Religionsgründers Zarathustra.

1103 **Salomons und Davids Gräber:** Salomon soll seinem Vater, König David, große Reichtümer mit ins Grab gegeben haben, die noch nicht gehoben sind.

1115 **Mammon:** chaldäisches Wort für Reichtum.

1142 **Haram:** türkisch: Harem: Frauengemach.

1202 **verzieht:** verweilt.

1236 **Stich:** Naht.

1283 **mäkeln:** tadeln.

1293 **entbrechen:** enthalten.

1386 **Kundschaft:** hier: Bekanntschaft.

1466 **bekam der Roche Feld:** bekam der Turm freie Bahn (Fachsprache des Schachspiels).

1489 **Ghebern:** persischer Name für die Anhänger der Religion Zarathustras (vgl. Anm. zu 1070).

## 5. WORT- UND SACHERLÄUTERUNGEN

1498 **Delk:** Bezeichnung für den Kittel des Derwischs.
1736 **Treffen:** hier: ›kriegerische Auseinandersetzung‹.
1738 **mich stellen:** mich verstellen.
   **besorgen lassen:** Furcht erregen.
1827 **schachern:** (hebräisch/jiddisch): feilschen; Tauschgeschäfte machen; Geld an sich raffen.
1885 **Stockjude:** Das Bestimmungswort »Stock« steigert den Inhalt des Grundworts »Jude«. Vgl. stockblind, stockfinster.
1914 **Opal:** griech. *opallios* ›Edelstein‹. Opale zeigen an der Oberfläche ein bunt schillerndes Farbenspiel.
2085 **Post:** ein Posten, eine Summe Geldes.
2111 **Opfertier:** Der Tempelherr vergleicht sich mit einem Opfertier, das zur Schlachtbank geführt wird.
2117 **auszubeugen:** auszuweichen.
2455 **Prälat:** katholischer geistlicher Würdenträger mit oberhirtlicher Gewalt.
2510–23 f. **Fall ... Faktum ... Hypothes' ... pro et contra:** Fachtermini aus der Diskurstheorie.
2528 **Diözes':** Diözese (griech./lat.): Amtsgebiet eines katholischen Bischofs.
2537 **Apostasie:** (griech./lat.) Abfall vom christlichen Glauben.
2566 **Beichte:** Sakrament der katholischen Christen. Der Beichtende bekennt vor einem Priester, der zur absoluten Verschwiegenheit verpflichtet ist, seine Sünden.
2571 **Kapitulation:** staatsrechtlicher Vertrag.
2584 **Sermon:** zusammenhängende Rede, Predigt.
2668 **Ginnistan:** Feenland.
2669 **Div:** Fee.
2685 f. **Jamerlonk ... Filze:** Kleidungsstücke unterschiedlicher Volksstämme.

**48** 5. WORT- UND SACHERLÄUTERUNGEN

2686 **Tulban:** Turban.
2772 **körnt:** (mit Futterkörnern) anlockt.
2776 **verzettelt:** verstreut.
3026 **Gleißnerei:** Heuchelei, betrügerisches Verhalten.
3106 **Brevier:** Gebetbuch des katholischen Geistlichen, das vor allem die verpflichtenden Stundengebete enthält.
3119 **Eidam:** Schwiegersohn.
3162 **Zeitung:** Nachricht.
3166 **Botenbrot:** Botenlohn.
3176 **Abtritt:** Tod.
3193 **Lecker:** Speichellecker, Schmeichler, Schleimer.
3346 **Stöber:** zu *stöbern* ›herumsuchen, -wühlen‹. Hier: Spion.
3377 **Gauch:** Narr.
3401 **Laffe:** Tölpel.
3619 **in die Richte gehen:** den geraden, kürzesten Weg nehmen.
3716 **gach:** schnell, übereilt, unbedacht, hitzig.

# 6. Interpretation

### Die Streitfrage: Text und Kontext

Es besteht eine allgemeine Übereinstimmung darüber, dass ein literarischer Text für den, der über die sprachlichen Voraussetzungen verfügt, aus sich heraus verständlich sein muss. Trotzdem versteht man mehr, wenn man die Bedingungen kennt, unter denen er entstanden ist. Das gilt in besonderer Weise für Lessings Drama *Nathan der Weise*.

Lessing stammte aus einem protestantischen Pfarrhaus, hatte einige Semester Theologie studiert und sich auch weiterhin mit theologischen Fragen beschäftigt, als er das Studienfach wechselte und »der theologischen Beamtenlaufbahn auswich«[9]. Als aufklärerischer Schriftsteller war er gezwungen, sich mit theologischen Fragen zu befassen, denn in einer Zeit, in der Kirche und Staat in engster Beziehung standen, in der weltliche und geistliche Obrigkeiten sich gegenseitig stützten und sich den Untertanen gegenüber hoch überlegen gaben, wurde die Bevormundung durch die Kirche als problematischer angesehen als die durch den Staat. Da beamtete Theologen in den meisten Fällen die staatliche Zensur ausübten, verfügten sie über eine Machtstellung, von der aus sie Gelehrte und Literaten mundtot machen konnten. Es war nur konsequent, die Berechtigung dieser Machtstellung kritisch zu erörtern und die Grundlagen eines solchen Anspruchs zu hinterfragen. Weder die Kirche noch der Staat konnten weiterhin bedingungslosen Gehorsam von Untertanen erwarten; weder geistliche Führer noch Regenten konnten sich weiterhin als Autoritäten gebärden, die

> Lessing und die Theologie

fraglos anerkannt wurden. Gefordert wurde eine von allen vernünftigen Menschen annehmbare Legitimation.

Die Schriften des Alten und Neuen Testaments gelten nicht nur als Grundlage der christlichen Religion, sie sind auch das Fundament, auf dem die christlichen Kirchen errichtet sind und auf dem ihre Lehr- und Glaubenssätze aufbauen. Indem die Aufklärer für das Recht der Menschen eintraten, sich ihres eigenen »Verstandes ohne Leitung eines anderen zu bedienen«[10], gingen sie gegen den Alleinvertretungsanspruch der Theologen in biblischen Fragen an und forderten eine genaue und öffentlich zu führende Diskussion auch der biblischen Texte.

Lessing, der seit 1770 Herzoglicher Bibliothekar in Wolfenbüttel war, hatte sich unter anderem die Aufgabe gestellt, Texte – vor allem Handschriften – aus der Bibliothek zu veröffentlichen und damit auf die Bedeutung der Institution hinzuweisen. Es war also nichts Ungewöhnliches, als er 1773 »Beiträge zur Geschichte und Literatur« ankündigte; ungewöhnlich war auch nicht, dass einige dieser Beiträge theologische Themen enthielten; ungewöhnlich war eher, dass die wichtigsten Stücke gar nicht aus der Wolfenbütteler Bibliothek stammten, sondern von dem Hamburger Orientalisten Hermann Samuel Reimarus, der aber ungenannt blieb.

> Lessing als Bibliothekar

Einer der ersten Beiträge, die als *Fragmente eines Ungenannten* veröffentlicht wurden, trug den Titel *Von der Duldung der Deisten*. Als Deisten gaben sich solche Leute aus, die – im Gegensatz zu den Atheisten – an einen einzigen Gott als den letzten Grund aller Dinge glaubten, der aber nach Abschluss dieser Schöpfung keinen Einfluss mehr

> Der Fragmentenstreit

auf die Weltentwicklung nimmt. Wie die Welt durch die Naturgesetze gesteuert wird, so kann der Mensch nach Auffassung der Deisten mit Hilfe der Vernunft ein erträgliches Zusammenleben organisieren. Die Intention der genannten Abhandlung bestand darin, diese Deisten seitens der christlichen Kirchen zu tolerieren, da die wahre christliche Lehre nicht weit von den Anschauungen der Deisten entfernt sei. So heißt es in den Fragmenten: »Die reine Lehre Christi, welche aus seinem eigenen Mund geflossen ist [...], enthält nichts als eine vernünftige practische Religion«.[11] Dagegen hatten – so die These – »Glaubensbücher, Geheimnisse, Ceremonien und Glaubensformeln«, die erst später von der Kirche der reinen Lehre hinzugefügt wurden, einzig zur Folge, die verschiedenen Kirchen »unter einander zu verketzern«.[12]

Diese Behauptungen zwangen die Theologen zur Stellungnahme. Grundsätzlich ging es um die Frage, ob die Glaubenssätze, die von der christlichen Kirche vermittelt werden, absolut wahr, d. h. unabhängig von Zeit und Ort richtig und verbindlich sind, oder ob Glaubenssätze auf Meinungen beruhen, die sich im Laufe der Zeit ändern können. Für Lessing stand fest, dass auch Religionen einem geschichtlichen Wandel unterworfen seien; seine Gegner gingen davon aus, dass ihr Glaube absolut wahr sei. Sie lassen sich als Rechtgläubige, als Orthodoxe (griech. *orthós* ›gerade, aufrecht, recht, richtig‹; griech. *dóxa* ›Meinung, Glaube‹; ›Ansehen, Ruf‹) bezeichnen. Die zentrale Streitfrage lautet also: Welches ist die »wahre Religion«? Zu diskutieren wäre, ob die Lehrsätze der christlichen Religion als absolut wahr angesehen werden können und – noch radikaler – ob das Erkenntnisvermögen des Menschen überhaupt bis zur absoluten Wahrheit vorstoßen könne.

## 6. INTERPRETATION

Unter den verschiedenen Entgegnungen auf die Veröffentlichungen Lessings ragen die des Hamburger Hauptpastors Johann Melchior Goeze hervor, da er nicht nur auf die Thesen und Argumente der Schriften eingeht, sondern auch Lessing als Person angreift und ihm das Recht bestreitet, sich in theologische Fragen einzumischen. Der Streit wurde in polemischen Schriften und Gegenschriften ausgetragen, bis der Herzog von Braunschweig in einer Resolution vom 17. August 1778 verfügte, es sei dem Hofrat Lessing nicht mehr gestattet, »daß er in Religionssachen, so wenig hier als auswärts, auch weder unter seinem noch anderen angenommenen Namen, ohne vorherige Genehmigung des Fürstl. Geheimen Ministerii ferner etwas drucken lassen möge«[13].

> Der *Nathan* als Teil des Fragmentenstreits

Da die Zensur jedoch nur alle wissenschaftlichen und journalistischen Veröffentlichungen betraf, fand Lessing eine Möglichkeit, die Auseinandersetzung von seiner Seite aus weiterzuführen. Am 6. September 1778 schrieb er an Elise Reimarus, die Tochter des verstorbenen Autors der *Fragmente eines Ungenannten*:

»Ich muß versuchen, ob man mich auf meiner alten Kanzel, auf dem Theater wenigstens, noch ungestört will predigen lassen« (Brief vom 6.9.1778).[14] Und: »Ich habe es [den *Nathan*] jetzt nur wieder vorgesucht, weil mir auf einmal beifiel, daß ich, nach einigen kleinen Veränderungen des Plans, dem Feinde auf einer andern Seite damit in die Flanke fallen könne« (Brief vom 7.11.1778 an Karl Lessing).[15]

Lessing bleibt also beim Thema, verfolgt weiter seine Intention, sucht weiter ein über die Fachgrenzen der Theologie hinausgehendes Publikum, wechselt lediglich den Schauplatz und die Sprachform, wenn er seine Gedanken jetzt in einem Drama hervorbringt statt in einem Zeitschriftenartikel, in einem Traktat oder in einer wissenschaftlichen oder philosophischen Abhandlung. Das Drama *Nathan der Weise* kann daher als Teil eines breit angelegten aufklärerischen Diskurses angesehen werden, in dem Behauptungen aufgestellt und geprüft, Begriffe geklärt und Argumentationen vorgetragen werden.

Das Stück ist folglich lehrhaft, hat didaktischen Charakter, fordert zur Stellungnahme heraus. Der Zuschauer oder Leser soll mitdenken, kritisch abwägen und dann seine Schlüsse ziehen. Er soll nicht eine vorformulierte Wahrheit annehmen, sondern sich an der Wahrheitssuche beteiligen. Das Drama ist insofern Lehrstück, als es nicht in der dem Leser und Zuschauer vertrauten Gegenwart spielt, sondern an einem fernen Ort, der märchenhaft entrückt ist, der Modellcharakter hat. Dort ist ein weiser Mann Wortführer. Die dargestellte Kommunikationssituation ist ideal, da alle frei reden können und alle bereit sind, aufmerksam zuzuhören.

| Die Herausforderung |

Damit ist eine Situation hergestellt, die genau der entgegengesetzt ist, unter der Lessing in Braunschweig und Wolfenbüttel litt. Offene Diskussion, so scheint es, war nur im Spiel und auf dem Theater möglich.

### Antwort Nathans auf die Frage Saladins: Die Ring-Parabel

Mittelpunkt des Dramas ist – in mehrfachem Sinne – die Erzählung von den drei Ringen, die Lessing aus Giovanni Boccaccios *Dekameron* übernommen und für seine Belange umgearbeitet hat. Mit diesem »Märchen« (1890) reagiert

## 6. INTERPRETATION

Nathan auf die Frage des Sultans, »was für ein Glaube« ihm »am meisten eingeleuchtet« (1840 f.) habe, welche der in Jerusalem verbreiteten »Religionen [...] die wahre« (1844 f.) sei. Die Frage des Sultans, die kurze Reflexionsphase Nathans und die dann folgende Antwort bilden einen Szenenkomplex von drei Auftritten und machen die Mitte des dritten Aufzugs aus, also III,5–7. Inhaltlich wird hier die zentrale Frage verhandelt, die Lessing mit der Herausgabe der *Fragmente eines Ungenannten* angestoßen und für die er das Theater als Diskussionsforum gesucht hatte. Dabei geht es nicht nur darum, welcher »Glaube« (1840), welches »Gesetz« (1840), welche der »Religionen« (1845) »die wahre« (1846) sei, sondern auch um die grundsätzlichere Frage, was nämlich »Wahrheit« (1867) sei und was dem Menschen überhaupt zu wissen vergönnt sei.

*Die Ausgangsfrage*

Nathan ist nicht ohne innere Vorbehalte beim Sultan erschienen, weiß er doch von Al-Hafi, dass den Herrscher Geldsorgen plagen und dass er als Jude einen schlechten Stand im Staatsverband hat. Tatsächlich hat Saladin – auf Veranlassung seiner Schwester – den reichen Juden mit dem Hintergedanken eingeladen, ihm eine Falle zu stellen und ihn so gefügig zu machen. Wenn er ihn als »den weisen Nathan« (1799) begrüßt, so schwingt in dieser Charakterisierung durchaus Ironie mit. Ob er es nach dem Vorgeplänkel mit der Frage nach der wahren Religion schon ernst meint oder ob das die hinterlistig geplante Frage ist, kann man »von außen« nicht entscheiden. Jedenfalls entspricht die Situation genau der, die Lessing bei Boccaccio vorfand; dort steht der Jude Melchisedech vor Saladin, der ihn »unter einem künstlichen Vorwand [...] zwingen [will], ihm zu

*Die Gesprächssituation*

Willen zu sein«[16]. Um die durchschaute Gefahr abzuwenden, erzählt Melchisedech die »Geschichte von den drei Ringen«[17]. Auch Nathan überlegt: »Sollt er auch wohl die Wahrheit nicht in Wahrheit fodern?« (1876f.), entschließt sich dann, das »Märchen« (1890) zu erzählen – »Das kann mich retten!« (1887f.) –, tritt aber schließlich ganz selbstbewusst vor den Sultan: »Möcht auch doch die ganze Welt uns hören« (1894). Solche Selbstgewissheit scheint dem Sultan suspekt; doch ist er vorerst bereit, sich ein »Geschichtchen« (1805 und 1807) anzuhören.

*Das »Märchen«*

Hier nun beginnt das, was erst vom Ende her Parabel genannt werden kann, was Nathan dem Publikum als Märchen und Saladin als Geschichtchen angekündigt hat. Lange Zeit hält Saladin das, was er hört, für ein »Märchen« (1856), wartet auf die Behandlung seines eigentlichen Problems und muss von Nathan darauf gestoßen werden, dass die gestellte Frage soeben zwar nicht direkt, aber indirekt durch eine Gleichniserzählung behandelt wurde. Erst im Rückblick versteht der Sultan, was er gehört hat, und gesteht: »Bei dem Lebendigen! Der Mann hat Recht. Ich muss verstummen« (1991). Die Parabel hat als gleichnishafte und deshalb lehrhafte Rede ihre Wirkung getan. Sie hat aufgeklärt; sie hat, wie es für eine Parabel charakteristisch ist, »im Besonderen das Allgemeine, im scheinbar Fremden das Eigene erkennen«[18] lassen; sie hat indirekt »für sittliche Ordnung oder Weltanschauung«[19] geworben und sie hat überzeugt. Allerdings war es notwendig, dem Sultan den Hinweis zu geben, dass er die Analogieschlüsse von dem Erzählten zu dem Gemeinten selbst ziehen müsse: »Der rechte Ring«, heißt es, »war [...] fast so unerweislich, als uns itzt – der rechte Glaube« (1962ff.).

*Das Parabolische*

Bei Boccaccio erkennt Saladin, »daß der Jude auf die klügste Weise den Schlingen ausgewichen war, die er [...] gelegt hatte«[20]; er gibt das unehrliche Spiel auf und bittet offen um einen Kredit, den er auch erhält. Lessings Saladin scheint sein oder seiner Schwester ursprüngliches Vorhaben ganz vergessen zu haben. Er ist ganz ehrlich an dem Problem und seiner Lösung interessiert, beteiligt sich ohne Vorbehalt an dem Diskurs und wird zum kritischen Gesprächspartner. Er will nicht mehr Wahrheit entgegennehmen, sondern er beteiligt sich an der Suche nach Wahrheit.

Was sich zunächst so einfach als Familien- und Erbgeschichte anhört, erweist sich als hochkompliziert, wenn man das »Geschichtchen« (1905 und 1907) auf die Frage bezieht, welche der »drei Religionen [...] die wahre« (1843 f.) sei. Dass die drei Ringe, die der »Vater [...] von drei Söhnen« (1930) weitergibt, für die drei monotheistischen und in Jerusalem aufeinander treffenden Religionen des Judentums, des Christentums und des Islam stehen, ist noch unmittelbar einsichtig. Diese drei Ringe gehen auf einen einzigen zurück, der folglich für eine ursprüngliche Religion steht. Die drei Religionen haben sich also, so muss geschlossen werden, entwickelt.

*Die Ringe*

Der erste und zunächst einzige Ring stammte »aus lieber Hand« (1913) und war »von unschätzbarem Wert« (1912). Auf welche Weise der Ring an den »Mann in Osten« (1911) gekommen ist, wird nicht gesagt. Allerdings wird betont, dass die Gabe ein Beweis von Güte und Liebe war. Über den Zeitpunkt der Übergabe wird wiederum nichts gesagt; denn schon der erstbekannte Besitzer lebte »vor grauen Jahren« (1911). Als Leser oder Zuhörer zieht man den Schluss, dass ein gütiger

*Die »liebe Hand«*

und »lieber« Gott Ursprung der ersten und einzigen Religion war, dass man über den Zeitpunkt der Stiftung aber nichts wisse.

Wichtigstes Attribut des Ringes ist der eingelegte »Stein«, »ein Opal, der hundert schöne Farben spielte« (1913). Die schöne Wirkung geht also von dem Attribut aus. Mag der Ring selbst »von unschätzbarem Wert« (1912) sein, so steckt die Kraft in dem »Stein« (1913). Die Vorstellung, dass edle Steine eine magische Kraft enthalten, ist bis in die Neuzeit weit verbreitet; doch die »geheime Kraft« (1915), die dieser Opal entwickelt, ist von besonderer Art. Er hat nämlich die »geheime Kraft, vor Gott und Menschen angenehm zu machen, wer in dieser Zuversicht ihn trug« (1915 ff.). Der Außenstehende weiß nichts von der Kraft, er kennt nicht den Bezug von Ursache und Wirkung: Die Kraft ist geheim. Sehr deutlich erkennt man die Wirkung allerdings am Ergebnis. Derjenige, an dem sich die Wirkung vollzogen hat, ist »angenehm [...] vor Gott und Menschen« (1915 f.). Die Wirkung erfolgt allerdings nicht automatisch; der Stein wirkt nur an dem und durch den, der »in dieser Zuversicht ihn trug« (1916 f.). Das Gedankenverhältnis zwischen diesen Aussagen lässt verschiedene Deutungen zu. Zu fragen ist, ob der Ring rein zeitlich dann wirkt, sobald er in dieser Zuversicht getragen wird, oder ob er nur unter der Bedingung wirkt, dass der Träger des Rings die ganze Zuversicht auf den Ring setzt. Überträgt man das hier gebotene Bild auf die angesprochene Sache, so dürfte man zunächst schließen, dass Religion nicht als Wert an sich angesehen wird, sondern dass der Wert in der Wirkung liegt, die von ihr ausgeht. In der Religion ruht die »Kraft, vor Gott und Menschen angenehm zu machen« (1915 f.). Die Güte und Liebe dessen, aus dessen

> Der Opal

»lieber Hand« (1913) die Religion stammt, soll verbreitet werden. Die gute Wirkung soll den guten Ursprung erkennen lassen. Die »Zuversicht« (1917) in die Kraft des Ringes, der Glaube also, ist Bedingung für die Möglichkeit, »vor Gott und Menschen angenehm« (1915f.) zu werden. Der Besitz des Rings allein garantiert das noch nicht. Nicht einmal die Zuversicht, der Glaube allein, garantiert dies. Nur die Handlungen, die in dieser Zuversicht vollzogen werden, führen zu dem erstrebten Ziel.

Als nun in der langen Generationenfolge ein Vater drei Söhne hatte, »die alle drei ihm gleich gehorsam waren« (1931), treten gleich mehrere Probleme auf. Es fragt sich, ob es genügt, »gehorsam« zu sein, um sich des Ringes würdig zu erweisen. Offensichtlich fehlt dem Vater auch der Durchblick. Er hat nicht die Bedeutung des Ringes im Blick, sondern die Verletzlichkeit der Söhne. Er entzieht sich seiner ursprünglichen Aufgabe, lässt zwei weitere Ringe machen und ist am Ende selbst nicht mehr in der Lage, »seinen Musterring« (1951) von den anderen zu unterscheiden. Vielleicht fehlt ihm selbst die Zuversicht in »die geheime Kraft« (1915); über irgendwelche Bemühungen, sich »vor Gott und Menschen angenehm zu machen« (1915f.) wird nichts gesagt. Die drei Söhne, die je einzeln nichts auf ihren »lieben Vater« (2002) kommen lassen, erkennen, dass etwas an der Ringübergabe nicht stimmt, verdächtigen sich aber gegenseitig, nicht den Vater, »des falschen Spiels« (2005) und fordern einen Rechtsspruch vor Gericht. Sie vertrauen darauf, dass vor Gericht ein Sachverhalt, der sich in der Vergangenheit ereignete, aufgeklärt werden könne. Dazu aber sieht sich der Richter nicht in der Lage.

> Die drei Söhne

In diesem Teil der Erzählung wird berücksichtigt, dass die

drei Religionen zwar in ihrem Brauchtum, aber nicht »von Seiten ihrer Gründe« (1974) zu unterscheiden seien. Eine rückwärts gewandte Auseinandersetzung, die vor einem Richter, vor einer wissenschaftlichen Institution, vor einer breiten Öffentlichkeit die alleinige Wahrheit einer Religion nachweisen möchte, ist sinnlos; eine rückwärts gewandte Beweisführung ist nicht möglich.

Der unter den Brüdern ausgebrochene Streit ist ein sicheres Anzeichen, dass »der rechte Ring [...] nicht erweislich« (1662) ist, dass er »vermutlich [...] verloren« (2026) ging und dass die drei nun als »betrogene Betrüger« (2024) dastehen. Keiner von ihnen scheint »Zuversicht« (1917) in die Kraft des Steins zu haben und keiner wendet große Mühe auf, »vor Gott und Menschen angenehm« (1915) zu werden.

Damit ist zugleich Kritik an der Haltung und an den Handlungen der Glaubensgemeinschaften und an den einzelnen Gläubigen geübt und ein Ausweg aus dem Dilemma aufgezeigt. Der Beweis für die Wahrheit der Religion kann nicht nach rückwärts, sondern er muss nach vorn geführt werden. Der Richter sagt sehr deutlich, wie der Beweis zu führen sei:

*Der Richter*

> Es eifre jeder seiner unbestochnen
> Von Vorurteilen freien Liebe nach!
> Es strebe von euch jeder um die Wette,
> Die Kraft des Steins in seinem Ring' an Tag
> Zu legen! komme dieser Kraft mit Sanftmut,
> Mit herzlicher Verträglichkeit, mit Wohltun,
> Mit innigster Ergebenheit in Gott,
> Zu Hülf'! Und wenn sich dann der Steine Kräfte
> Bei euern Kindes-Kindeskindern äußern:
> So lad ich über tausend tausend Jahre,
> Sie wiederum vor diesen Stuhl. (2041 ff.)

Diese Empfehlung, die große Ähnlichkeit mit dem von Kant formulierten Kategorischen Imperativ hat, bietet die Möglichkeit, »vor Gott und Menschen angenehm zu machen« (1915). Wichtiger als die »Ergebenheit in Gott« (2047) scheint dem Richter das »Wohltun« (2046) – »mit Sanftmut« (2045), »mit herzlicher Verträglichkeit« (2046) und »von Vorurteilen frei« (2042) – zu sein. Erst wenn sich die Grundsätze solchen Handelns verbreitet haben, besteht Aussicht, dass sich »der Steine Kräfte […] äußern« (2049).

Unversehens hat sich die Frage nach der wahren Religion verschoben. Nathan behandelt die Frage nicht als Wissensfrage. Er antwortet Saladin, als ob dieser gefragt hätte »Was soll ich tun?« und »Was darf ich hoffen?«, nicht aber, als hätte er gefragt »Was kann ich wissen?«. Statt des vielleicht erwarteten theoretischen Beweises stellt Nathan eine ethisch begründete Forderung. Die »wahre Religion« erweist ihre Wahrheit in der Praxis, nicht in der Theorie, wie sich ein »wahrer Freund« durch sein Handeln, nicht durch logische Beweisführung zu erkennen gibt.

### Die Konsequenz: Gottes »Vorsicht« und das Handeln der Menschen

Mit der Ring-Parabel ist die Gesamthandlung des Stückes eng verknüpft. Das Stück, das räumlich an einem bestimmten Ort und zeitlich zu einem fast auf den Tag bestimmbaren Datum spielt, ist zum Lehrstück geworden, das eine besondere Art der Reaktion erwartet.

Der oberflächliche Zuschauer und der schnelle Leser werden sich vermutlich an der Fülle der vermeintlichen Zufälle und Unwahrscheinlichkeiten stoßen. Sie werden noch hinnehmen, dass ein junger Mann bei einem Brand zu Hilfe eilt und die Bewohnerin des Hauses rettet. Dass sich dann aber herausstellt, dass die junge Frau seine Schwester ist, von deren Existenz er nichts gewusst hat, muss jeden überraschen. Als völlig unrealistisch dürfte auch eingeschätzt werden, dass der außerehelich gezeugte Tempelritter von Europa zurück nach Jerusalem kommt und dort seinem Onkel, Sultan Saladin, dem Bruder seines leiblichen Vaters, vorgeführt wird. Die Liste der Unwahrscheinlichkeiten ist von beträchtlichem Umfang.

*Die Unwahrscheinlichkeiten*

Anders als in Märchen oder fantastischen Erzählungen wird in dem dramatischen Gedicht das Unwahrscheinliche als wirklich geschehen ausgewiesen. Das, was hier vorgeführt wird, ist nicht der Fantasie des Menschen entsprungen, soll vielmehr verstanden werden als Verwirklichung einer göttlichen Vorsehung. Für Nathan steht fest, dass hinter oder vor jedem Weltgeschehen jemand steht, »der die strengsten Entschlüsse, die unbändigsten Entwürfe der Könige […] gern an den schwächsten Fäden lenkt« (272). Es ist ein wichtiges, vielleicht das wichtigste Axiom seines Glaubens, dass es einen Gott gibt, den er in Zeiten großer Not, großer Verzweiflung, aber auch großer Freude anrufen kann und dass dieser Gott letzten Endes alle Fäden des wechselvollen Spiels auf Erden in der Hand hält. Auf der Erde geht alles sehr natürlich zu. Was zunächst als Zufall aussah, erweist sich im Nachhinein als ein von Gott geordnetes Zusammenspiel von Grund und Folge.

*Die »Vorsehung«*

Nathan baut darauf, dass die Welt so zum Besten der

Menschen eingerichtet ist und dass sich alles zum Besten der Menschen entwickelt, wenn die Menschen Gott vertrauen, der die Fäden locker in der Hand hält.

Er nimmt damit in dem Diskurs die Position des Gläubigen ein, der nicht nur überzeugt ist, dass Gott existiert, der vielmehr darauf vertraut, dass dieser Gott die Welt zum Besten eingerichtet hat und dass er nicht für die Übel und das Böse in der Welt verantwortlich ist. Moses Mendelssohn, ein guter jüdischer Freund Lessings, hat das früh erkannt:

»Es kömmt mir vor, sagte ich, als wenn Lessing die Absicht gehabt hätte, in seinem Nathan eine Art von Anti-Candide[21] zu schreiben. Der Französische Dichter sammelte alle Kräfte seines Witzes, spornte die unerschöpfliche Laune seines satyrischen Geistes, mit einem Worte, strengte alle außerordentliche Talente, die ihm die Vorsehung gegeben, an, um auf diese Vorsehung selbst eine Satyre zu verfertigen. Der Deutsche that eben dieses, um sie zu rechtfertigen, und um sie den Augen der Sterblichen in ihrer reinsten Verklärung zu zeigen. Ich weiß mich zu erinnern, daß mein verewigter Freund, bald nach der Erscheinung des Candide, den flüchtigen Einfall hatte, einen Pendant zu demselben zu schreiben, oder vielmehr eine Fortsetzung desselben, in welcher er durch eine Folge von Begebenheiten zu zeigen Willens war, daß alle die Uebel, die Voltaire gehäuft, und auf Rechnung der verläumdeten Vorsehung zusammengedichtet hatte, am Ende dennoch zum Besten gelenkt, und zu den allerweisesten Absichten einstimmig gefunden werden sollten.«[22]

Die Position Nathans – und in diesem Fall auch Lessings –, die kurz als Theodizee, als Rechtfertigung Gottes bezeichnet wird und genau der skeptischen Position Voltaires[23] entgegensteht, hat nicht zur Konsequenz, dass der Mensch zur Untätigkeit verdammt und dem Schicksal oder dem Lauf der Geschichte ausgeliefert ist. Vielmehr wird erwartet, dass der Mensch aus Einsicht und mit Hilfe seiner Vernunft der Vorsehung entgegenkommt. Nathan ist überzeugt: »Gott lohnt Gutes, hier getan, auch hier noch« (358 f.). Diese These wird durch die Anordnung der Spielhandlung bewiesen. Durch gute Taten haben sich die drei Vertreter der Hauptreligionen schon in der Vorfabel ausgezeichnet: Nathan hat den Christen, die seine Familie gemordet haben, vergeben und Recha als Pflegetochter angenommen; Sultan Saladin hat den gefangen genommenen Tempelherrn begnadigt; und dieser Tempelherr hat das angebliche Judenmädchen gerettet. Erst nachträglich merken die Betroffenen und auch die Zuschauer und Leser, wie diese Handlungen mit einander verzahnt sind und dass nur die Handlungen zusammen die glückliche Auflösung aller Konflikte ermöglichen.

*Theodizee*

*Die guten Taten*

Alle drei Handlungen sind ausgeübt »mit Sanftmut«, »mit herzlicher Verträglichkeit, mit Wohltun« (2045 f.) und frei »von Vorurteilen« (2042). Nathan hat, als seine Familie umgebracht wurde, durchaus »mit Gott [...] gerechtet, [...] und die Welt verwünscht« (3048). Doch, so berichtet er, »die Vernunft« kam wieder und »sprach mit sanfter Stimm': ›Und doch ist Gott! Doch war auch Gottes Ratschluss das!‹« (3052 f.). Dieser Einsicht folgt der Entschluss. Imperativisch wandte er sich an sich selbst:

> Komm! Übe, was du längst begriffen hast,
> Was sicherlich zu üben schwerer nicht,
> Als zu begreifen ist, wenn du nur willst.
> Steh auf! (3055 ff.)

## 6. INTERPRETATION

Dem guten Willen folgt die gute Tat: Nathan nimmt das fremde, christliche Kind als sein Kind an. Der gute Wille ist nicht unbegründet: Nathan stellt den Rückbezug zu Gott her; er möchte gewiss sein, dass sein Handeln in Übereinstimmung mit »Gottes Ratschluss« (3054) und seiner eigenen »Vernunft« (3052) ist und ruft zu Gott: »ich will! Willst du nur, dass ich will« (3057).

Auf diese Einsicht gegründet und von diesem Willen getragen, hat er den neuen Lebensabschnitt begonnen. Achtzehn Jahre später sieht er sich der Gefahr gegenüber, sein Pflegekind wieder zu verlieren. Doch auch in dieser Krise bewahrt er seine Haltung: »wenn sie von meinen Händen die Vorsicht wieder fodert, – ich gehorche!« (3076).

Den moralischen Imperativ »Es eifre jeder ...« (2041), der in der Ring-Parabel dem Richter in den Mund gelegt wird, wendet Nathan auf sich selbst an. Anders als Kant verlässt sich Lessings Nathan nicht allein auf die reine Vernunft, sondern bezieht sein Handeln auf Gott, auf Gottes Ratschluss und die Vorsehung.

*Wahrheit*

»Wahrheit« ist für ihn ein problematischer Begriff geworden. Er erkennt, dass die Möglichkeiten menschlichen Wissens begrenzt sind; und er findet sich mit dieser Begrenztheit ab. Schon während des Fragmentenstreits schrieb Lessing:

»Nicht die Wahrheit, in deren Besitz irgend ein Mensch ist oder zu seyn vermeynet, sondern die aufrichtige Mühe, die er angewandt hat, hinter die Wahrheit zu kommen, macht den Werth des Menschen. Denn nicht durch den Besitz, sondern durch die Nachforschung der Wahrheit erweitern sich seine Kräfte, worinn allein seine immer wachsende Vollkommenheit bestehet. Der Besitz macht ruhig, träge, stolz –

Wenn Gott in seiner Rechten alle Wahrheit, und in seiner Linken den einzigen immer regen Trieb nach Wahrheit, obschon mit dem Zusatze, mich immer und ewig zu irren, verschlossen hielte, und spräche zu mir: wähle! Ich fiele ihm mit Demuth in seine Linke, und sagte: Vater gieb! die reine Wahrheit ist ja doch nur für dich allein!«

In seinem Drama zeigt er einige Personen, die im Besitz der Wahrheit zu sein »vermeynen«, und andere, die sich bemühen, »hinter die Wahrheit zu kommen«. Die Sympathie liegt bei den zuletzt Genannten.

## Orthodoxie und Toleranz

Der philosophische Diskurs, der zu dem Ergebnis führte, dass »der rechte Glaube [...] nicht erweislich« (1662 ff.) sei, hat zwingende Folgen für die Haltung und das Handeln des Menschen. Das gilt für sein Selbstverständnis, für seine Einstellung den Mitmenschen gegenüber und für sein Handeln in der Gemeinschaft. Die gesamte moralische, aber auch weite Teile der politischen Gesinnung sind betroffen.

Wäre der rechte Glaube erweislich, so wäre Orthodoxie eine angemessene Einstellung; da er das nicht ist, ist Toleranz dem Andersgläubigen gegenüber die einzig mögliche Grundeinstellung. Doch sowohl Orthodoxie wie auch Toleranz gibt es in unterschiedlichen Ausprägungen, auf unterschiedlichen Ebenen und mit unterschiedlichen Folgen.

In der Person der Daja wird eine Form der Orthodoxie vorgestellt. Daja ist davon überzeugt, dass ihr Glaube, nämlich der christliche, der einzig richtige ist, dass Zweifel und Kritik unangemessen sind und dass man alles tun müsse, um Menschen,

*Orthodoxie*

vor allem solche, die man schätzt, zum »wahren Glauben« zu bringen. Daja ist von ihrem »Wert als Christin« (752) überzeugt, möchte Recha »in Händen [...] wissen, die deiner würdig sind« (1538 f.) und hält Nathan als »Sünde« (2888) vor, dass er Recha nicht hat christlich erziehen lassen. Die Orthodoxie Dajas wird aufgedeckt und kritisiert. Doch wird Daja nicht verdammt. Was sie an Gutem tut, wird anerkannt. Dass sie naiv und unaufgeklärt bleibt, wird hingenommen.

Gefährlich wird Orthodoxie, wenn sie zu autoritärer Haltung und zu aggressivem Handeln führt. In der Figur des Patriarchen wird gezeigt, wohin Orthodoxie führen kann. Der Patriarch könnte in neuerer Sprachgebung auch als Fundamentalist charakterisiert werden, als jemand, der sich allein auf die ihm vertrauten Glaubensdokumente stützt, der keine wissenschaftliche Forschung und keine Erfahrungen zur Kenntnis nimmt, der sich an keinem öffentlichen Diskurs beteiligt und der mit allen Mitteln seine Überzeugung durchsetzt. Er neigt zum Fanatismus und überschreitet wissentlich die Grenzen von Recht und Moral, wenn er dazu auffordert, den Sultan umzubringen, und wenn er erklärt, »Bubenstück vor Menschen« sei »nicht auch Bubenstück vor Gott« (685 f.). Die Gefahr, die von solchem Fundamentalismus für andersgläubige oder anders geartete Bevölkerungsgruppen ausgeht, könnte nicht deutlicher aufgezeigt werden. Im Sinne der Aufklärung sind Orthodoxe entweder naiv oder uneinsichtig, jedenfalls rückständig.

Zwei Personen entziehen sich der gedanklichen Auseinandersetzung: Al-Hafi und der Klosterbruder. Sie verstehen sich zwar als Moslem beziehungsweise als Christ. Doch geht ihnen jede Form von Glaubenseifer, Missionierungsdrang oder gar Fanatismus ab. Beide reden unverkrampft mit Nathan, dem Juden, obwohl ihre Glaubensgemeinschaften in Spannung zum Judentum stehen. Trotzdem können weder Al-Hafi noch der Klosterbruder als tolerant bezeichnet werden. Sie meiden weitere Auseinandersetzungen, indem sie Jerusalem verlassen und ihre Religion privat leben wollen.

Was Lessing unter Toleranz versteht und was er von toleranten Menschen erwartet, zeigt er an den Hauptpersonen seines Gedichts. Er führt damit die Diskussion weiter, die er schon mit seinen frühen Stücken *Der Freigeist* und *Die Juden* begonnen hatte. Die Forderung nach Toleranz wurde zu einem Hauptthema der aufklärerischen Diskussion überhaupt. Die Erörterung war in Deutschland besonders vordringlich, da hier seit dem Westfälischen Frieden 1648 die konfessionelle Spaltung besiegelt war. Eine Einheit stiftende Religion gab es im Reichsgebiet nicht mehr; jeder Landesherr bestimmte für sein Territorium die maßgebende Religion. Das Nebeneinander von Katholiken, Lutheranern und Calvinisten war verfassungsrechtlich festgelegt. Häufig waren Landesgrenzen zugleich Religionsgrenzen. Diskriminierungen von Katholiken oder Protestanten waren an der Tagesordnung; die von allen Konfessionen diskriminierte Religionsgemeinschaft war die der Juden.

*Tolerantia* – in der ursprünglichen lateinischen Bedeutung – heißt »das Ertragen, Erdulden«. In den Bereich der politischen Fachsprache gelangte das Wort durch das sogenannte Toleranzedikt von Mailand im Jahr 313 n. Chr., in dem Kaiser Konstantin den zuvor verfolgten Christen Glaubensfreiheit gewährte. Die Christen wurden also geduldet, obwohl sie den offiziellen Kaiserkult ablehnten. Gegen Ende des Jahrhunderts – 391 n. Chr. – erhob Theodosius dann das Christentum zur Staatsreligion.

Nathans Vorstellung von Toleranz geht über die Forderung nach Duldung weit hinaus. Er setzt Gleichberechtigung und Gleichrangigkeit der Gruppierungen voraus, nicht Dominanz und Akzeptanz. Er erwartet nützliches Handeln von allen, ungeachtet der unterschiedlichen Religionsauffassungen. Vor allem erwartet er Verzicht auf absolute Wahrheitsansprüche und auf autoritäres Gehabe.

Nathan setzt dieses Konzept als Erster um. Er kann Saladin durch das Gleichnis von den drei Ringen überzeugen und den Tempelherrn gewinnt er in einem ausführlichen Gespräch. Am Ende der Überzeugungsarbeit steht jedoch nicht Duldung, sondern Freundschaft. Alle drei Hauptpersonen haben einen Wandel der Wertigkeiten vollzogen: Ihnen sind nicht mehr die Unterschiede der Völker und der Religionen wichtig, sondern die Gemeinsamkeit, »ein Mensch zu heißen« (1312):

> Sind
> wir unser Volk? Was heißt denn Volk?
> Sind Christ und Jude eher Christ und Jude,
> Als Mensch? (1308 ff.)

Alle drei haben die Frage indirekt beantwortet, indem Nathan das vermeintliche Christenmädchen aufnahm, Saladin den vermeintlichen christlichen Europäer begnadigte und der Tempelherr das vermeintliche Judenmädchen rettete.

Vereint sind sie in dem Bewusstsein, dass man nicht *wissen* kann, welches die wahre Religion ist, dass man aber *hoffen* darf, am Ende der Zeit vor dem weisen Mann bestehen zu können, der »auf diesem Stuhle sitzen« (2052) wird. Vereint sind sie aber auch in der Bereitschaft, dem moralischen Imperativ zu folgen: »Gut handeln« (361, 364) gilt ihnen als oberstes humanes Gebot.

### Ausblick: Der Aufstieg des Bürgertums

Es überrascht, dass derselbe Nathan, der gerade noch unsicher in der Einschätzung Saladins war, voller Selbstbewusstsein äußert: »Möcht auch doch die ganze Welt uns hören« (1893), ehe er dem Sultan seine Parabel vorträgt. Vorerst kann der Herrscher, dem allgemein der Titel »Verbesserer der Welt und des Gesetzes« (1901 f.) zugesprochen wird, nicht annehmen, dass er etwas Weltbewegendes hören wird. Am Ende aber, als er gefragt wird, ob er sich als der von dem Richter in Aussicht gestellte »weisere versprochne Mann« (2056) fühle, schrickt er zurück: »Ich Staub? Ich Nichts? O Gott!« (2056).

Der Sultan, der sich in der Rolle des absoluten Herrschers befindet, bittet den bürgerlichen Kaufmann, der zur Gruppe der wenig geachteten Juden gehört: »Aber sei mein Freund« (2060). Von Amtsautorität ist nichts mehr zu spüren. Hier stehen sich zwei gleichberechtigte Diskurspartner gegenüber, von denen der sozial niedriger Stehende die überzeugende Konzeption und die besseren Argumente hat. Im Augenblick ist dieser Kaufmann dem Herrscher sogar in wirtschaftlicher Hinsicht überlegen: Er hat »des baren Gelds« (2068) fast zuviel, während die Kassen des Sultans leer sind. Mag sich am Ende auch die Finanzlage des Sultans wieder verbessern und mag er dann auch sicher als Hausherr auftreten, so wird doch deutlich, dass der Bürgerstand erheblich aufgeholt hat. Der weltgewandte Kaufmann ist kein Untertan mehr. Er ist selbstbewusster Bürger, der wirtschaftlich unabhängig ist, der sich seines eigenen Verstandes bedient und nicht nur philosophisch, sondern auch theologisch mitzusprechen weiß. Er zählt zu jener Schicht der Bürger, die auch die Rolle des Herrschers und die Struktur des absolutistisch regierten Staates zum Gegenstand kritischer Erörterungen machen können und werden.

## 7. Autor und Zeit

Gotthold Ephraim Lessing kam am 22. Januar 1729 in Kamenz, einer Stadt in Sachsen von zwei- bis dreitausend Einwohnern, als Sohn des sehr strengen Pastors Johann Gottfried Lessing und seiner Ehefrau Justine Salome Lessing, geborene Feller und Tochter des zuvor in Kamenz amtierenden Pfarrers, zur Welt. Zwölf Kinder werden in der Familie geboren; fünf sterben früh; Gotthold Ephraim ist der zweite Sohn. Der Vater, der gern die Laufbahn eines Gelehrten eingeschlagen hätte, leidet »unter den trüben Verhältnissen seiner zahlreichen Familie, unter der großen Teuerung, der geringen Besoldung, der Erfolglosigkeit, dem Mangel an Aufmunterung«.[24]

Zwölfjährig kommt Gotthold Ephraim auf die Fürstenschule St. Afra in Meißen, ein hoch angesehenes Gymnasium, das vor allem lateinische und altgriechische Autoren nahe bringt. Französisch, Mathematik und deutsche Literatur haben den Rang von Nebenfächern.

> Meißen

Die kriegerischen Auseinandersetzungen zwischen Preußen und Österreich berühren auch Meißen. Der Schulbetrieb wird gestört; die Internatsverpflegung ist nicht mehr gesichert. In dieser Situation erhält Lessing ein kurfürstliches Stipendium und kann im September 1746, jetzt siebzehn Jahre alt, ein Studium der Theologie in Leipzig beginnen. Leipzig ist die Stadt der Kaufleute, der Buchhändler, der Gelehrten, der Literaten und des Theaters, wird als Klein-Paris gelobt und bietet dem jungen Lessing Anregungen unterschiedlicher Art. Für das Studium der Theologie eingeschrieben,

> Leipzig

*Gotthold Ephraim Lessing*

Kupferstich von Johann Friedrich Bause (1772)
nach einem Gemälde von Anton Graff

## 7. AUTOR UND ZEIT

besucht er gleichzeitig Vorlesungen in Mathematik und interessiert sich für Literatur und Geschichte. Die Welt des Theaters nimmt ihn gefangen. Er erhält Zutritt zu den Kreisen der Schauspieler, lebt und diskutiert mit ihnen. Große Geltung beansprucht noch immer Johann Christoph Gottsched, Professor für Philosophie und Dichtkunst, der im Jahr 1730 den *Versuch einer critischen Dichtkunst vor die Deutschen* herausgebracht hatte und seitdem als Autorität für Fragen des Theaters galt. In Leipzig hatte sich gleichzeitig eine der bedeutendsten Schauspielertruppen der Zeit niedergelassen, geleitet von Friederike Caroline Neuber, genannt »die Neuberin«, berühmt als Schauspielerin und als Prinzipalin. Der Neuberin reicht Lessing sein erstes Lustspiel – *Der junge Gelehrte* – ein; das Stück des jetzt Neunzehnjährigen wird genommen und erfährt 1748 seine Erstaufführung in Leipzig. Nebenher schreibt der junge Autor Epigramme, lyrische Texte und Fabeln. Zusätzlich beginnt er auf Anraten der Eltern eine medizinische Ausbildung, die ihm einen sicheren Lebensunterhalt garantieren soll.

Das Theologiestudium wird aufgegeben, Leipzig wird verlassen, als Christlob Mylius, ein Vetter, ihm eine Anstellung bei der »Berlinischen Privilegierten Zeitung« verschafft. Lessing zieht nach Berlin, wird Journalist und ist für die nächsten sieben Jahre (1748–55) freier Mitarbeiter, Autor und Redakteur im Feuilletonteil der *Vossischen Zeitung*, die als Blatt des gebildeten Bürgertums gilt. Zwischenzeitlich legt er in Wittenberg das Magister-Examen an der Fakultät der freien Künste ab, macht aber keinen Gebrauch von dem akademischen Titel.

| Berlin |

Auf Berlin, das von dem jungen Preußen-König Friedrich II. geprägt wird und das ein Zentrum der deutschen

Aufklärungsbewegung ist, setzt Lessing. Doch er findet keinen Zugang zum König und auch nicht zu dem großen französischen Aufklärer Voltaire, der beim König zu Gast ist. Dagegen hat er Freunde, Gesprächs- und Diskussionspartner in dem Verleger und Schriftsteller Christoph Friedrich Nicolai, dem jüdischen Philosophen Moses Mendelsohn, einem der wichtigsten Vertreter der deutschen Aufklärung, und in Ewald von Kleist, einem preußischen Major und Dichter. In der Berliner Zeit entsteht das bürgerliche Trauerspiel *Miss Sara Sampson*, das 1755 in Frankfurt/Oder uraufgeführt wird, einen neuen Dramentyp begründet und eine »neue Ära realistischer Schauspielkunst in Deutschland«[25] eröffnet.

Im Oktober 1755 ist Lessing wieder in Leipzig. Er hat Aussicht auf eine Stelle als Reisebegleiter eines reichen Schweizers. Doch das Projekt zerschlägt sich ebenso wie ein anderes, bei dem er einen reichen Leipziger Patriziersohn auf einer mehrjährigen Bildungsreise durch Europa begleiten sollte. Der Siebenjährige Krieg macht Europa zu einem Krisengebiet. Unverrichteter Dinge kehrt Lessing 1758 nach Berlin zurück. Dramen und Dramenentwürfe entstehen. Wichtiger werden die *Briefe, die neueste Literatur betreffend*, seit 1759 herausgegeben von Lessing, Mendelsohn und Nicolai. Aus der Folge von 333 Briefen stammen 55 von Lessing und von diesen hat der 17. Literaturbrief Epoche gemacht. In ihm wird mit Gottsched und dem von diesem als Muster gepriesenen französischen klassizistischen Theater abgerechnet; verwiesen wird auf Shakespeare und dessen Dramen- und Theaterkonzeption. Damit war ein grundsätzlicher Paradigmenwechsel der deutschen Theater- und Literaturgeschichte eingeleitet.

*Die Zeit des Siebenjährigen Kriegs*

## 7. AUTOR UND ZEIT

Wahrscheinlich von Ewald von Kleist vermittelt, erhält Lessing im Siebenjährigen Krieg eine Stelle als Gouvernementssekretär bei dem preußischen General von Tauentzien in Breslau. Der Dienst mag ungewohnt sein, lässt aber viel Zeit für gelehrte Studien, für gesellige Runden, für Glücksspiele – und garantiert ein angemessenes Auskommen, das ihm sogar erlaubt, in den insgesamt fünf Breslauer Jahren 6000 Bücher anzuschaffen, die er später, als er wieder in Finanznot gerät, versteigern muss.

Nach dem Friedensschluss von Hubertusburg (1763) verliert Lessing seine Stelle in der Armee, wird in Berlin nicht gebraucht und wendet sich Hamburg zu. In Hamburg wird jene Epoche machende ernste Komödie vollendet, die ihren Stoff aus der unmittelbaren Gegenwart des Siebenjährigen Krieges nimmt und deren Pläne in der Breslauer Zeit entstanden: *Minna von Barnhelm oder Das Soldatenglück*.

> Hamburg

Hamburg, das abseits der kriegerischen Auseinandersetzungen gelegen hatte, war als Bürgerrepublik mit seinen weltoffenen Kaufleuten, seinen Gelehrten, Theologen, Literaten und Schulmännern attraktiv. Hamburger Handelsherren hatten sich vorgenommen, aus dem Schauspielhaus am Gänsemarkt ein Deutsches Nationaltheater zu machen. Lessing wird als Dramaturg und hauseigener Kritiker gewonnen. Drei Jahre lang verfolgt er kritisch, was und wie am Hamburger Theater gespielt wird. Die 52 Theaterkritiken, die zusammengefasst unter dem Titel *Hamburgische Dramaturgie* herausgegeben wurden, können als eine allgemeine Poetik des europäischen Dramas der Zeit angesehen werden. Wie in Berlin so findet er auch in Hamburg viele Kontakte: so mit den Dichtern Klopstock und Matthias Claudius, den Schauspielern Konrad Ekhof und Friedrich

Ludwig Schröder, aber auch mit Theologen, so mit dem Hauptpastor Johann Melchior Goeze. Gute Freunde findet er in Dr. Johann Albert Hinrich Reimarus und seiner Schwester Margarethe Elisabeth; es sind die Kinder des Theologen, Philosophen, Philologen und Zoologen Hermann Samuel Reimarus, dessen Schriften Lessings weiteren Lebensweg noch beeinflussen sollten. Mit einem Partner versucht sich Lessing als Verlagsbuchhändler, scheitert mit dem Unternehmen jedoch kläglich. 1770 quittiert er seinen Dienst als Dramaturg in Hamburg. Die Trennung von Hamburg fällt schwer, wenn auch die angebotene Stelle eines Bibliothekars in Wolfenbüttel, dem Residenzstädtchen in unmittelbarer Nähe von Braunschweig, nicht nur finanzielle Sicherheit in Aussicht stellt.

*Wolfenbüttel*

Die Herzog-August-Bibliothek, der einst Leibniz vorstand, ist eine der größten und bedeutendsten in deutschen Landen. Lessing weiß die Möglichkeiten zu schätzen und schreibt am 27. Juli 1770 an seinen Vater: »Ich kann meine Bücher, die ich verkaufen müssen, nun sehr wohl vergessen.«[26] Nebenher bleibt ihm Zeit, sein Trauerspiel *Emilia Galotti* zu vollenden, das am 13. März 1772 in Braunschweig aufgeführt wird. Mit dem Braunschweiger Prinz Leopold unternimmt er eine achtmonatige Bildungsreise, die über Wien und Venedig bis Rom und Neapel führt. Bei der Rückkehr wird ihm eine Gehaltszulage gewährt; er erhält eine Dienstwohnung in unmittelbarer Nähe des Schlosses und der Bibliothek; und er kann endlich – am 8. Oktober 1776 – heiraten. Seine Frau, Eva König, ist Witwe des Hamburger Seidenhändlers und Tapetenfabrikanten Engelbert König, mit dem Lessing befreundet war und der auf einer Geschäftsreise in Venedig starb. Das ersehnte Glück ist von kurzer Dauer. Am 31. Dezember 1777 schreibt Lessing seinem Freund Theodor Eschenburg: »Ich wollte es auch einmal so gut haben wie andere Menschen! Aber es ist mir schlecht bekommen.«[27] So schließt er den Brief, in dem er mitteilt, dass sein Sohn gestorben ist, der nur vierundzwanzig Stunden lebte. Erschöpft von der Geburt, stirbt die Mutter und Gattin zehn Tage später. Lessing ist wieder allein.

Beruflich hat Lessing in seiner Wolfenbütteler Zeit einen Streit auszuhalten, der alle Gefechte übertrifft, die er in seinem bisherigen Kritikerleben zu bestehen hatte. Als Bibliothekar hat er die Aufgabe, aus den Schätzen der Bibliothek Werke für eine Veröffentlichung vorzubereiten. Unter dem Titel *Fragmente eines Ungenannten* erscheint eine Reihe von Schriften theologisch-philosophischen Inhalts, die keineswegs aus der Bibliothek stammen, vielmehr von Hermann Samuel Reimarus, dem Hamburger Gelehrten, verfasst waren. Sie werden als Angriff auf die orthodoxe Theologie verstanden. Der Hamburger Hauptpastor Goeze fühlt sich angegriffen, nimmt die Fehde mit Lessing auf und veranlasst den Herzog von Braunschweig, Partei zu ergreifen und Lessing zu disziplinieren. Lessing weicht aus, wechselt den Kampfplatz und sagt in literarischer Form, was er zu sagen hat. Das dramatische Gedicht *Nathan der Weise* ist nicht nur Teil des »Fragmentenstreits«, sondern kann als eine Art letzter Verfügung Lessings angesehen werden.

Gotthold Ephraim Lessing starb am 15. Februar 1781 in Braunschweig und wurde dort beerdigt.

## Das Werk

Früh wurde Lessings Interesse für das Drama geweckt. In Kamenz hatte er eine Schulaufführung des *Sterbenden Cato*, des bekanntesten Dramas von Johann Christoph Gottsched, gesehen. In Meißen gehörten die lateinischen Dramen von Plautus und Terenz zur Schullektüre. In Leipzig endlich wurden Übersetzungen der französischen Dramen von Racine und Corneille von der Neuberschen Truppe gespielt – dazu auch deutsche Stücke, die nach dem Vorbild der französischen Klassiker gearbeitet waren. Lessing führte, in dieser Weise angeregt, Dramenpläne aus, die er zum Teil aus Meißen mitgebracht hatte, schrieb in der Leipziger Zeit *Damon oder Die wahre Freundschaft* (1747), *Der Misogyn* (1748), *Die alte Jungfer* (1748) und setzte sich zum Ziel, der »deutsche Molière« zu werden. Tatsächlich blieb er zeitlebens dem Theater verhaftet. Die Leipziger Dramen werden heute als »Vorarbeiten, gewissermaßen Übungsarbeiten«[28] angesehen, die, wie die Epigramme und anakreontischen Lieder, die zur gleichen Zeit entstanden, Zeugnis vom literarischen Geschmack der Zeit und der Kultur-Hauptstadt Leipzig geben.

**1747 Der junge Gelehrte.** Ein Lustspiel in drei Aufzügen. Erstaufführung: Januar 1748 in Leipzig durch die Neuber'sche Truppe.

Damis, der junge Gelehrte, ist so sehr von sich eingenommen, dass er nicht nur auf Anton, seinen Diener, herabblickt, sondern auch auf die Theologen, Ärzte und Rechtsgelehrten, die er bisher kennen gelernt hat. Er gibt an, sieben Sprachen zu sprechen, kennt die Regeln der Logik und die Fachsprache der Medizin, verachtet die Frauen und scheint, wie sein Vater vermutet, für ein öffentliches Amt zu ungeschickt. So scheitert der Plan Chrysanders, Damis' Vater, seinen Sohn mit Juliane, einer vermögenden Waise, zu verkuppeln. Der erstrebte Gelehrtenruhm wird Damis allerdings auch nicht zuteil.

## 1749 Die Juden. Lustspiel in einem Aufzug.

Ein Baron ist auf der Reise von zwei Spitzbuben überfallen, von einem Reisenden, der des Wegs kam, aber gerettet worden. In einer Zeit und Gegend, die voller Vorurteile gegenüber Juden ist, vermutet man in den Räubern, die entkamen, Juden. Vergeblich gibt der Reisende zu bedenken, »daß es unter allen Nationen gute und böse Seelen geben könne«[29]. Erst am Schluss erweist sich, dass die »Räuber« aus dem Gefolge des Barons stammten und dass der Retter, also der Reisende, Jude ist.

Ein Rezensent urteilt: »Der Endzweck dieses Lustspiels […] ist eine sehr ernsthafte Sittenlehre, nämlich die Torheit und Unbilligkeit des Hasses und der Verachtung zu zeigen, womit wir den Juden meistenteils begegnen.«[30]

## 1755 Miss Sara Sampson. Bürgerliches Trauerspiel.
Erstaufführung am 10.7.1755 durch die Ackermann'sche Truppe in Frankfurt a. d. Oder.

Miss Sara Sampson, ein tugendhaftes Mädchen, ist einem frivolen jungen Mann, Mellefont, verfallen und diesem gefolgt. In der neunten Woche logieren sie in einem Gasthaus. Man erfährt, dass Mellefont Sara nicht heiraten kann, da er in dem Fall einer Erbschaft verlustig ginge, die er nur unter bestimmten Bedingungen erhält. Inzwischen hat aber Sir William Sampson, der Vater Saras, herausgefunden, wo seine Tochter sich aufhält, ist ihr nachgereist und will sie sprechen. Auch von Marwood, einer früheren Geliebten Mellefonts, die ähnlich wie Sara verführt worden ist und von Mellefont eine zehnjährige Tochter Arabella hat, wurde Mellefont aufgespürt. Als es der Marwood nicht gelingt, Mellefont für sich zu gewinnen, ergreift sie eine Gelegenheit, Sara zu vergiften. Sir William, der bereit wäre, seiner Tochter zu vergeben, kommt zu spät. Er wird sich um Arabella kümmern, nachdem sich Mellefont selbst getötet hat.

*Miss Sara Sampson* gilt insofern als der Prototyp eines bürgerlichen Trauerspiels, als ein tragisches Geschehen aus dem Milieu der bürgerlichen Welt gezeigt wird. Sowohl der Typ des tugendhaften, aber blind der Liebe folgenden Mädchens als auch der des verführenden Mannes zwischen zwei begehrten Frauen wird in späteren Dramen vergleichbarer Art aufgenommen.

**1759 Fabeln. Drei Bücher.** Nebst Abhandlungen mit dieser Dichtungsart verwandten Inhalts.

Während seines ganzen Lebens hat Lessing sich mit Fabeln beschäftigt. Erste eigene Beispiele veröffentlichte er 1747, eine erste Sammlung erschien 1753.

In der Auseinandersetzung mit dem griechischen Fabeldichter Äsop entwickelte er ein eigenes Konzept, das in der Veröffentlichung von 1759 einzusehen ist.

Jedes der drei Bücher enthält 30 Fabeln, von denen die meisten bis heute einen festen Platz in Lese- und Literaturbüchern haben. Die Fabeln, oft Bearbeitungen antiker Vorlagen, zeichnen sich aus durch Kürze und Präzision, sind in Prosa verfasst und zielen auf eine pointiert vorgetragene Lehre. Sie enthalten zu einem Teil moralische Sätze, zu einem anderen Urteile über die Verhältnisse in der Wirklichkeit sozialen und politischen Lebens.

**1759 17. Literaturbrief.**
Dieser Brief ist der berühmteste von 55 Literaturbriefen, die Lessing der Folge von 333 *Briefen, die neueste Literatur betreffend* beisteuerte.

Der zentrale Satz lautet: »Es wäre zu wünschen, daß sich Herr Gottsched niemals mit dem Theater vermengt hätte. Seine vermeintlichen Verbesserungen betreffen entweder Kleinigkeiten oder sind wahre Verschlimmerungen.« Damit wird eine neue Ära der deutschen Theatergeschichte eröffnet. Maßgebend ist nicht mehr das französische Theater mit Racine und Corneille, sondern das englische mit Shakespeare.

Der scharfe Angriff lässt unberücksichtigt, welche Verdienste sich Gottsched mit seinen Hauptwerken – Poetik, Rhetorik, Sprachlehre – um die deutsche Sprache und Literatur erworben hat.

**1767 Minna von Barnhelm oder Das Soldatenglück.**
Lustspiel in fünf Akten.
Erstaufführung am 30. 9. 1767 in Hamburg durch die »Entreprise«.

Major von Tellheim hat nach dem Ende des Siebenjährigen Krieges den Abschied erhalten, ist mittellos und wohnt im Gasthof »König von Spanien« (II,2), der real dem bekannten Berliner Gasthof »König von Portugal« entsprach, dem Schloss gegenüber lag, heute aber nicht mehr existiert. Ihm wird vorgeworfen, gegen die Bevölkerung in Sachsen zu mild und bestechlich gewesen zu sein. Durch seinen Diener Just lässt er seinen Verlobungsring beim Wirt versetzen, um so über etwas Geld zu verfügen. Tellheim ahnt nicht, dass Minna von Barnhelm, die den parallelen Verlobungsring trägt, gerade aus Sachsen gekommen ist und nun im gleichen

Gasthof wohnt. Der in der Ehre gekränkte preußische Offizier Tellheim liebt Minna, die Sächsin, weiterhin, hält sich aber nicht für würdig, sie zu heiraten. Nicht durch Überredungskunst, sondern durch eine List öffnet Minna ihrem Tellheim die Augen. Als dann auch die Haltlosigkeit der Verdächtigungen gegenüber Tellheim offenkundig wird, steht einer Heirat nichts mehr im Weg.

Das Stück, das seinen Stoff aus der unmittelbaren Gegenwart nimmt, stellt einen preußischen Leitwert – die Ehre – zur Diskussion. Es entsteht eine neue Art von Komödie, in der die Schwächen der Menschen zugleich ernst genommen und verlacht werden: Es wird mit dem Verstand gelacht.

### 1767/69 Hamburgische Dramaturgie.

Die Sammelausgabe enthält 52 Beiträge, die Lessing als angestellter Kritiker des am 22. April 1767 eröffneten Hamburger Nationaltheaters schrieb. In der Ankündigung heißt es: »Diese Dramaturgie soll ein kritisches Register von allen aufzunehmenden Stücken halten, und jeden Schritt begleiten, den die Kunst, sowohl des Dichters, als des Schauspielers, hier tun wird.«[31]

Wichtiger als die kritische Erörterung der aufgeführten Stücke sind aus heutiger Sicht die durchgehend verfolgten Themen. Gefragt wird nach der möglichen Wirkung dramatischer Dichtung auf den Zuschauer, nach Bauformen des Dramas, nach der Aktualität von griechischen, französischen und englischen Musterdramen und anderem.

**1772 Emilia Galotti.** Bürgerliches Trauerspiel in fünf Akten.
Erstaufführung am 13. 3. 1772 in Braunschweig durch die Döbbelin'sche Truppe.

Der Stoff, der auf den römischen Geschichtsschreiber Titus Livius (3,44) zurückgeht, wird in die Neuzeit und in ein kleines italienisches Fürstentum verlegt. Dort regiert der jugendliche, leichtfertige Hettore Gonzaga. Er ist in Liebe zu Emilia Galotti entbrannt, einer tugendhaften jungen Frau aus bestem Hause, die dem Grafen Appiani versprochen ist und diesen in wenigen Stunden heiraten soll. Von Gräfin Orsina, seiner einstigen Geliebten, will der Prinz nichts mehr wissen. Der Kammerherr Marinelli erfüllt Gonzagas unausgesprochenen Auftrag und lässt die Familie, die auf dem Weg zur Hochzeit ist, überfallen und Emilia auf das Lustschloss des Prinzen bringen. Dort treffen der Prinz, Emilia, die Eltern Emilias und Gräfin Orsina zusammen. Auf ihr Verlangen tötet der Vater seine Tochter, um zu verhindern, dass sie durch Selbsttötung schuldig wird.

Das Drama wurde als Musterbeispiel einer vollendeten Tragödie anerkannt. Von heute aus, rückwärts gesehen, ist vor allem die Tendenz des Werks bemerkenswert: »Moralische Bloßstellung des absolutistischen Regimes, des Egoismus und der Ränke bei Hof und Adel«.[32]

**1779 Nathan der Weise.** Dramatisches Gedicht in fünf Akten.

## 8. Rezeption

Im August 1778 warb Lessing in mehreren Zeitschriften um Vorbestellungen seines Dramas: »Meine Freunde, die in Deutschland zerstreuet sind, werden hiermit ersucht, diese Subskription anzunehmen und zu befördern. Wenn sie mir gegen Weihnachten wissen lassen, wie weit sie damit gekommen sind: so kann ich um diese Zeit anfangen zu drucken.«[33] Etwa 1200 Subskribenten meldeten sich; die ersten 3000 Exemplare von *Nathan der Weise* wurden in der ersten Hälfte des Jahres 1779 gedruckt.[34]

*Erstdruck*

Lessing setzt große Erwartungen in sein Stück. Er sieht es als einen wichtigen, über die Zeiten gültigen Beitrag zu dem sogenannten Fragmentenstreit an; gleichzeitig ist er von der poetischen Qualität des Dramas überzeugt, jedoch unsicher, wie das Stück vom Publikum aufgenommen wird. Eine Äußerung aus dieser Zeit lautet: »Noch kenne ich keinen Ort in Deutschland, wo dieses Stück jetzt schon aufgeführt werden könnte. Aber Heil und Glück dem, wo es zuerst aufgeführt wird.«[35]

Tatsächlich erwartete das Theaterpublikum zu Lessings Zeiten eher eine Pathos erregende Tragödie oder eine klar erkennbare Komödie als ein »dramatisches Gedicht«. So erfuhr der *Nathan* erst einige Jahre nach Lessings Tod am 14. April 1783 in Berlin seine Erstaufführung. Diese wurde von Theaterkritikern lobend besprochen; doch nach der dritten Aufführung blieb das Publikum aus; das Stück wurde abgesetzt. Der Durchbruch auf dem Theater gelang dann 1801 in Weimar. Friedrich Schiller hatte das Drama gekürzt und insze-

*Erste Aufführung*

niert. Diese Aufführung, die einen Ausgleich von Handlung und Diskurs, von Poesie und Philosophie erzielte, galt lange Zeit als Muster für weitere Inszenierungen und garantierte dem Stück einen Platz unter den klassischen Dramen der deutschen Literatur.

Die ersten Rezensionen *Nathans des Weisen* galten nicht der Struktur und der Aufführbarkeit, sondern der Tendenz und dem Inhalt. Da das Stück als Fortsetzung des Fragmentenstreits und als Teil der persönlichen Kontroverse zwischen Lessing und Goeze angesehen wurde, waren die Meinungen geteilt. Von seinen Freunden erhielt Lessing begeisterte Zustimmung; aber nicht nur die eigentlichen Orthodoxen, sondern auch Christen ohne besonderen Missionierungseifer nahmen Lessing übel, dass er »zum Besten der Menschen einen Juden, zum Schlimmsten einen Christen«[36] gemacht habe. Während die einen die beispielhafte Toleranz gegenüber anderen Religionen lobten, verurteilten die anderen die angebliche Gehässigkeit gegen die christliche Religion.[37] Eine eindeutige Stellung in dieser Kontroverse nahm Goethe ein, der 1815 schrieb: »Möge [...] das darin ausgesprochene göttliche Duldungs- und Schonungsgefühl der Nation heilig und wert bleiben.«[38]

> Erste Rezensionen

In diesem Satz wird die didaktische Funktion, die in Lessings *Nathan* enthalten ist, besonders hervorgehoben und das Stück der »Nation« genau aus diesem Grunde zur Annahme empfohlen.

Ob die Figur des Nathan tatsächlich eine Beispiel gebende Figur für die Deutschen sein könne, war eine Frage, die zu Anfang des 19. Jahrhunderts intensiv erörtert wurde. Peter Demetz schreibt in einer Abhandlung über Lessings

> Einschätzung im 19. Jahrhundert

Drama: »Mit keiner anderen Gestalt der deutschen Literaturtradition haben sich deutsche Interpreten und Kritiker der ersten Generationen des neunzehnten Jahrhunderts lieber beschäftigt als mit Nathan; solange das Bürgertum im Streit um seine Lebensrechte stand, war es der oft mißdeutete philosophierende Kaufmann von Jerusalem, welcher die wünschenswertesten Ideale inkarnierte. Kein Zufall, daß die Nathan-Deutung nach dem Deutsch-Französischen Kriege (1870/71) und der Reichsgründung durch Bismarck der neuen, wuchernden Faust-Deutung den alten Platz räumte. Das bescheiden Bürgerliche und denkend Humane war nach dem Kompromiß mit der autoritativen Staatsmacht und den brutalen Wundern der Gründerjahre wie fortgespült; an Stelle Nathans trat Faust, der so viel Schuld auf sich lädt, aber doch noch Hoffnung hat, Erlösung zu finden. In ihm war wirksamere Selbstrechtfertigung.«[39]

Georg Gottfried Gervinus, ein Literaturhistoriker des 19. Jahrhunderts, hatte schon 1835 geurteilt: »Auch [...] ist das Buch neben Goethe's Faust das eigentümlichste und deutscheste, was unsere neuere Poesie geschaffen hat.«[40] Damit war indirekt auch eine Empfehlung für den Deutschunterricht an höheren Schulen gegeben – allerdings mit einer problematischen Begründung.

Als die Lektüre deutscher Schriftsteller zu Anfang des 19. Jahrhunderts »Bestandteil des nun erst institutionalisierten Deutschunterrichts«[41] an höheren Schulen wurde, setzte man auf jene klassischen Schriftsteller der Nation, die zugleich Garanten der Bildung und der geforderten Nationalerziehung sein sollten. Als herausragende Autoren wurden Goethe, Schiller und Lessing benannt. Von Lessing sollten die »drei Hauptdramen, die *Minna*, die *Emilia* und der *Nathan* [...] verweilend« gelesen werden.[42] Gemeint ist damit eine Lektüre, die vor allem die Sentenzen des Dramas herausarbeitet und zur Annahme empfiehlt.

Lessing und Lessings *Nathan* konnten in weiten Teilen Deutschlands ihre Stellung im Lektürekanon der oberen Gymnasialklassen halten, bis der Autor von den Nationalsozialisten als »Freimaurer, internationaler Menschheitsbeglücker, Judenfreund und Judengenosse«[43] diffamiert wurde. In der Zeit nationalsozialistischer Herrschaft durfte der *Nathan* auf der Bühne nicht gespielt und in der Schule nicht gelesen werden.

> NS-Zeit

Um so begieriger griffen die Theater und die Schulen 1945, nach dem Ende der Terrorherrschaft, nach Lessings Lehrstück. Epochemachende Inszenierungen in Berlin mit Paul Wegener (1945) und Ernst Deutsch (1954) und in Wien mit Attila Hörbiger (1975) in der Titelrolle waren der Anfang einer Renaissance des *Nathan*. Bis heute ist die Aktualität des Dramas so groß, dass nicht nur die großen deutschsprachigen Bühnen immer wieder neue Inszenierungen vorstellen; auch kleinere Bühnen nehmen das Werk ins Programm.

> Nach dem 2. Weltkrieg

Entsprechendes gilt für den Lektürekanon der Gymnasien: »Im Nachkriegsdeutschland gehört *Nathan* in Ost und West zur Pflichtlektüre.«[44] Auch wo solche Pflichtbindungen aufgegeben wurden, bewirken der Rang des Stückes, die Aktualität der Fragestellung und das Angebot an Diskursmöglichkeiten, dass Lessings Meisterdrama weiterhin zum verbindlichen oder geheimen Lehrplan des Deutschunterrichts der weiterführenden Schulen gehört.

# 9. Checkliste

1. Erläutern Sie das Wort und den Begriff »Aufklärung«.
   Erklären Sie die Wortzusammensetzung und den Stellenwert des Wortes im Wortfeld.
   Sammeln Sie heute geläufige Wortzusammensetzungen mit dem Grundwort »Aufklärung«.
   Erläutern Sie, welche Erwartungen Descartes, Thomasius und Kant mit dem Begriff »Aufklärung« verbanden.
2. Erklären Sie die Begriffe »Vor-Urteil«, »Kritik« und »Diskurs«.
3. Die philosophischen Grundfragen »Was kann ich wissen? Was soll ich tun? Was darf ich hoffen?« wurden im Laufe der Philosophiegeschichte immer wieder erörtert. Informieren Sie sich in einem Wörterbuch der philosophischen Begriffe über die Teildisziplinen »Erkenntnistheorie«, »Ethik« und »Metaphysik«.
4. Formen Sie die dramatische Gestaltung von *Nathan dem Weisen* um zu einer Erzählung
   a) aus der Ich-Perspektive Rechas
   b) aus der Ich-Perspektive des Tempelherrn
   c) aus der Ich-Perspektive des Klosterbruders
   d) aus der Ich-Perspektive Sittahs
   e) aus der Ich-Perspektive des Patriarchen
5. Ordnen Sie das Personenverzeichnis nach selbst gewählten Kategorien, z.B.:
   a) Häufigkeit des Auftretens
   b) Gruppenzugehörigkeit:
      Verwandtschaften, Konfessionen
6. Stellen Sie Gemeinsamkeiten und Gegensätze einzelner Personen dar:

## 9. CHECKLISTE

Nathan – Saladin – Tempelherr
Al-Hafi – Klosterbruder
Recha – Sittah
Nathan – Patriarch
Nathan – Tempelherr
Nathan – Saladin
Daja – Tempelherr
Recha – Daja

7. Denken Sie über das Motto »Introite, nam et heic Dii sunt!« nach und überlegen Sie, wie es auf den Hauptpastor Goeze, auf den Herzog von Braunschweig und auf das Lesepublikum zur Zeit Lessings gewirkt haben könnte. Wer könnte sich heutzutage angesprochen oder herausgefordert fühlen?
8. Indem Lessing sein Stück als »dramatisches Gedicht« vorstellt, weicht er einer eindeutigen Terminologie aus. Tatsächlich mischen sich in *Nathan dem Weisen* unterschiedliche Arten des Dramas.
    a) Arbeiten Sie komische und tragische Züge heraus und belegen Sie Ihre Behauptungen durch Verweis auf einzelne Personen und Textstellen.
    b) Erklären Sie, inwiefern man das Stück als historisches Drama, als religiöses Tendenzstück oder als Lehrstück der Aufklärung ansehen könnte. Ist es Ihrer Ansicht nach eher Familienstück, weltanschauliches Lehrstück oder politisches Drama?
9. Vergleichen Sie Lessings Ring-Parabel mit der Vorlage bei Boccaccio und stellen Sie dar, wie weit Lessing über seine Vorlage hinausgeht. Welche Intention verfolgt Boccaccio, welche verfolgt Lessing?
10. Besorgen Sie sich den Abschnitt aus Immanuel Kants Werk *Kritik der praktischen Vernunft*, in dem er den

»kategorischen Imperativ« formuliert und begründet. Vergleichen Sie den kategorischen Imperativ mit der Textstelle »Es eifre jeder ...« (2041 ff.).
11. Erklären Sie den Begriff der »Theodizee«. Erläutern Sie, wie sich nach der Vorstellung Lessings göttliche Vorsehung und menschliches Handeln ergänzen. Welche Rolle spielt dabei die »Vernunft« des Menschen?
12. Erklären Sie die Begriffe »orthodox« und »tolerant«; »Deist«, »Fundamentalist« und »Fanatiker«. Setzen Sie diese in Beziehung zu den Anschauungen der Personen im Drama. Nehmen Sie Stellung zu den Auswirkungen, die diese Anschauungen auf das Leben in einer Gesellschaft haben.
13. Arbeiten Sie anhand des Abschnitts »Autor und Werk« heraus, wo überall sich Lessing mit theologischen Fragen konfrontiert sah und wie er sich als Dramatiker entwickelt hat.
14. Erörtern Sie die allgemeinen Rezeptionsbedingungen für das Theaterstück von »Nathan dem Weisen«.
    a) Wer hat ein Interesse, das Stück zu unterdrücken?
    b) Wer hat ein Interesse, das Stück zur Diskussion zu stellen?
    c) Wem fehlt jegliches Interesse an dem Stück?

## 10. Lektüretipps

### Textausgaben

Im Laufe der Zeit hat es mehrere Gesamtausgaben der Werke Lessings gegeben. Zur Lektüre bietet sich folgende neuere Edition an:

Gotthold Ephraim Lessing: Werke in acht Bänden. Hrsg. von Herbert G. Göpfert. München: Hanser, 1970 ff.

Viele Einzelausgaben des *Nathan* stehen zur Verfügung – zum Teil mit Kommentar und mit Materialien im Anhang. Der vorliegende *Lektüreschlüssel* bezieht sich auf:

Gotthold Ephraim Lessing: Nathan der Weise. Ein dramatisches Gedicht in fünf Aufzügen. Anm. von Peter von Düffel. Stuttgart: Reclam, 2000. Durchges. Ausg. (UB 3.) – *Reformierte Rechtschreibung*.

Peter Demetz: Gotthold Ephraim Lessing: *Nathan der Weise*. Dichtung und Wirklichkeit. Vollständiger Text und Dokumentation. Frankfurt a. M. / Berlin: Ullstein, 1966. (Ullstein Buch. 5025.)

### Biographien

Zur genaueren Vergegenwärtigung von Lessings Lebenslauf empfehlen sich:

Gotthold Ephraim Lessing in Selbstzeugnissen und Bilddokumenten. Dargest. von Wolfgang Drews. Reinbek bei Hamburg 1962. (rowohlts monographien. 75.)

Lessings Leben und Werk in Daten und Bildern. Hrsg. von Kurt Wölfel. Frankfurt a. M. 1967.
Gotthold Ephraim Lessing. Hrsg. von Gerhard und Sibylle Bauer. Darmstadt 1968. (Wege der Forschung. CCXI.)
Albrecht, Wolfgang: Gotthold Ephraim Lessing. Stuttgart 1997. (Sammlung Metzler. 297.)
Hildebrandt, Dieter: Lessing. Biographie einer Emanzipation. Frankfurt/Berlin/Wien 1982. (Ullstein Buch. 27513.)

## Literaturgeschichtliche Einordnung

Lessing gilt als der wichtigste und bedeutendste Literat der deutschen Aufklärung. Es ist nahe liegend, die entsprechenden Kapitel in einer Literaturgeschichte nachzulesen. Einige Literaturgeschichten unterschiedlicher Konzeption werden hier genannt:

Aufklärung. Erläuterungen zur deutschen Literatur. Hrsg. vom Kollektiv für Literaturgeschichte im volkseigenen Verlag »Volk und Wissen«. Berlin 1974.
Merker, Nicolao: Die Aufklärung in Deutschland. München 1982. (Beck'sche Elementarbücher.)
Pelster, Theodor: Literaturepochen: Aufklärung. Arbeitsbuch Deutsch. München 1985.
Pütz, Peter: Die deutsche Aufklärung. Darmstadt 1978. (Erträge der Forschung.)
Wessels, Hans-Friedrich (Hrsg.): Aufklärung. Ein literaturwissenschaftliches Studienbuch. Königstein i. Ts. 1984. (Athenäum Taschenbücher Literaturwissenschaft.)

## Handbücher und Bibliographien

Wer sich genauer mit dem Gesamtwerk Lessings beschäftigen will – etwa zum Verfassen einer Facharbeit –, findet Informationen, Themenvorschläge, Arbeitshinweise und weiterführende Literatur in zwei umfangreichen Arbeitsbüchern:

Lessing: Epoche, Werk, Wirkung. Ein Arbeitsbuch für den literaturgeschichtlichen Unterricht. Von Wilfried Barner, Gunter Grimm, Helmuth Kiesel, Martin Kramer. München 1975. (Beck'sche Elementarbücher.)

Fick, Monika: Lessing-Handbuch. Leben – Werk – Wirkung. Stuttgart/Weimar 2000.

## Interpretationen, Materialien und Erläuterungen zu *Nathan der Weise*

Düffel, Peter von: Erläuterungen und Dokumente: Gotthold Ephraim Lessing: *Nathan der Weise*. Stuttgart 1972 [u. ö.]. (UB 8118.)

Koebner, Thomas: *Nathan der Weise*. Ein polemisches Stück? In: Interpretationen: Lessings Dramen. Stuttgart 1987 [u. ö.]. (UB 8411.)

Lessings *Nathan der Weise*. Hrsg. von Klaus Bohnen. Darmstadt 1984. (Wege der Forschung. 587.)

Lindken, Hans Ulrich: Erläuterungen zu Gotthold Ephraim Lessing: *Nathan der Weise*. Hollfeld 1979. (Königs Erläuterungen und Materialien.)

Möbius, Thomas: Gotthold Ephraim Lessing: *Nathan der Weise*. Hollfeld 2000. (Königs Erläuterungen und Materialien.)

Rahner, Thomas: Gotthold Ephraim Lessing: *Nathan der Weise*. (Lektüre-Durchblick 301.) München 1995.

Rohrmoser, Günter: Lessing: *Nathan der Weise*. In: Das deutsche Drama. Interpretationen. Hrsg. von Benno von Wiese. Bd. 1. Düsseldorf 1958.

Schilson, Arno: Lessings Christentum. Göttingen 1980. (Kleine Vandenhoeck-Reihe. 1463.)

Sedding, Gerhard: Gotthold Ephraim Lessing: *Nathan der Weise*. Stuttgart/Düsseldorf/Leipzig 1998. (Klett Lektürehilfen.)

Will, Timotheus: Lessings dramatisches Gedicht *Nathan der Weise* und die Philosophie der Aufklärungszeit. Paderborn/München/Wien/Zürich 1999. (Modellanalysen Literatur.)

# Anmerkungen

1 Descartes, *Meditationes de prima philosophia*, lat./dt. Hamburg 1956, S. 60.
2 Christian Thomasius, *Von denen Irrtümern und deren Ursprüngen*, in: *Aus der Frühzeit der deutschen Aufklärung. Christian Thomasius und Christian Weise*, hrsg. von Fritz Brüggemann, Darmstadt 1972, S. 31.
3 Immanuel Kant, *Beantwortung der Frage: Was ist Aufklärung?*, in: *Beiträge aus der Berlinischen Monatsschrift* in Zusammenarbeit mit Michel Albrecht ausgew., eingel. und mit Anm. vers. von Norbert Hinske, Darmstadt 1973, S. 514.
4 Immanuel Kant, *Logik*, in: *Werke*, Bd. 9. Zit. nach: Johann Karl Mader, *Der Philosoph. Wesensbestimmung, Grundprobleme und Disziplinen der Philosophie*, Wien/Heidelberg 1966, S. 24.
5 Zitiert nach: *Lessings Leben und Werke in Daten und Bildern*, hrsg. von Kurt Wölfel, Frankfurt a. M. 1967, S. 161.
6 Günter Kettermann, *Atlas zur Geschichte des Islam*, Darmstadt 2001, S. 76.
7 Ebenda, S. 77.
8 Peter Demetz, *Lessing, »Nathan der Weise«. Dichtung und Wirklichkeit*, Frankfurt a. M. / Berlin 1966, S. 170.
9 *Lessing. Epoche, Werk, Wirkung. Ein Arbeitsbuch für den literaturgeschichtlichen Unterricht*, hrsg. von Wilfried Barner, Gunter Grimm, Helmuth Kiesel, Martin Kramer, München 1975, S. 248.
10 Immanuel Kant, *Beantwortung der Frage: Was ist Aufklärung?* (Anm. 3), S. 514.
11 Gotthold Ephraim Lessing, *Werke in acht Bänden*, hrsg. von Herbert G. Göpfert, Bd. 7, München 1973, S. 330.
12 Ebenda, S. 331.
13 Siehe Anm. 5.
14 *Lessing. Epoche, Werk, Wirkung* (Anm. 9), S. 276.
15 Ebenda, S. 276.
16 Giovanni Boccaccio, *Das Dekameron*, aus dem Italienischen übers. von Ruth Macchi, Berlin/Weimar 1974, S. 50.
17 Ebenda, S. 49
18 Otto F. Best, *Handbuch literarischer Grundbegriffe. Definitionen und Beispiele*, Frankfurt a. M. 1972, S. 190.

19 Ebenda, S. 190.
20 Boccaccio, *Das Dekameron* (Anm. 16), S. 51.
21 Voltaire, *Candide*, neu übertr. von Hanns Studniczka, Hamburg 1957 (Rowohlts Klassiker, 8).
22 *Moses Mendelsohns Morgenstunden oder Vorlesungen über das Daseyn Gottes*, Berlin 1785, hrsg. von Dominique Bourel, Stuttgart 1979, S. 149.
23 Johannes Hoffmeister, *Wörterbuch der philosophischen Begriffe*, Hamburg 1955, S. 607.
24 Wolfgang Drews, *Gotthold Ephraim Lessing in Selbstzeugnissen und Bilddokumenten*, Reinbek bei Hamburg 1962, S. 30.
25 Herbert A. Frenzel, *Daten deutscher Dichtung*, Köln/Berlin 1953, S. 115.
26 Drews (Anm. 24), S. 110.
27 Ebenda, S. 137.
28 *Aufklärung. Erläuterungen zur deutschen Literatur*, hrsg. vom Kollektiv für Literaturgeschichte, Berlin 1974, S. 482.
29 Lessing, *Werke* (Anm. 11), Bd. 1, S. 389.
30 Lessing, *Werke* (Anm. 11), Bd. 1, S. 415.
31 Lessing, *Werke* (Anm. 11), Bd. 4, S. 233.
32 Frenzel (Anm. 25), S. 120.
33 Lessing, *Werke* (Anm. 11), Bd. 2, S. 746.
34 Monika Fick, *Lessing-Handbuch. Leben – Werk – Wirkung*, Stuttgart/Weimar 2000, S. 404.
35 Ebenda, S. 404.
36 Ebenda, S. 420.
37 Ebenda, S. 421.
38 Lessing, *Werke* (Anm. 11), Bd. 2, S. 754.
39 Demetz (Anm. 8), S. 121.
40 Zit. nach: Peter von Düffel, *Erläuterungen und Dokumente, Gotthold Ephraim Lessing, »Nathan der Weise«*, Stuttgart 1972, S. 136.
41 Dominik von König, »*Nathan der Weise* in der Schule. Ein Beitrag zur Wirkungsgeschichte Lessings«, in: *Lessings »Nathan der Weise«*, hrsg. von Klaus Bohnen, Darmstadt 1984 (Wege der Forschung), S. 427.
42 Ebenda, S. 431.
43 Ebenda, S. 433.
44 Ebenda, S. 433.